Gunter Stemmler

Bruno Müller

Frankfurter Stadtrat für Stiftungen

© 2020 Gunter Stemmler

Verlag & Druck: tredition GmbH, Halenreie 40-44, 22359 Hamburg.

ISBN:
978-3-347-03681-9 (Paperback)
978-3-347-03682-6 (Hardcover)
978-3-347-03683-3 (e-Book)

Bibliografische Information der Deutschen Nationalbibliothek: Die Deutsche Nationalbibliothek verzeichnet diese Publikation in der Deutschen Nationalbibliografie; detaillierte bibliografische Daten sind im Internet über http://dnb.dnb.de abrufbar

.

Inhaltsverzeichnis

1. Müllers Bedeutung

Bruno Müller[1] wirkte von 1928 bis 1945 als hauptamtlicher Stadtrat in Frankfurt am Main. Für die Stadtverwaltung richtete Müller seinen kritisch-neugierigen Blick auf die Finanzen der Stiftungen während des „Dritten Reiches" und in den ersten zehn Jahren im Land der Deutschen Mark. Darüber hinaus hatte er verschiedene Aufgaben in der NS-Zeit übernommen.

Die Ermordung von 12.000 namentlich bekannten Frankfurter Juden ist zu beklagen;[2] damit verbunden war die Auslöschung der jüdisch geprägten Lebenswelt in Frankfurt während des „Dritten Reiches". Dabei wurden (etwa) 127 jüdischen Stiftungen in Frankfurt am Main ausgeplündert oder die Erinnerung an sie ausgetilgt.[3] „Nur vereinzelt gelang es nach dem Kriege, Frankfurter Stiftungen zu revitalisieren. ... Von den überaus zahlreichen Stiftungen jüdischer Stifter, die es vor 1933 gab, existierten 1986 lediglich noch 15. Die Stadtverwaltung Frankfurt wurde für ihre Aktivitäten bei der Zerstörung des umfangreichen Stiftungswesens jüdischer Frankfurter nie zur Rechenschaft gezogen".[4] Darüber hinaus war man während der NS-Zeit in Frankfurt stolz, die Ausplünderung von Stiftungen deutschlandweit angeregt zu haben: „'Die Regierung ist erst durch die zahlreichen von hier ausgelösten Anträge ... auf die Bedeutung des Stiftungswesens allgemein aufmerksam gemacht worden.'".[5] Das sind Rahmendaten, in denen sich Müllers Aktivität als Stadtrat abspielte.

Diese historische Studie soll charakteristische Aspekte von Müllers Tätigkeit als NS-Stadtrat darlegen, wobei der Schwerpunkt auf seine Vernichtung jüdischer Stiftungen gelegt wird, und darüber hinaus sein Vorgehen während der Nachkriegszeit beleuchten, wie es ihm gelang, sich wieder für die Stadt Frankfurt am Main in leitender Funktion mit Stiftungen zu befassen.

---

[1] Siehe Klötzer, Biographie. Bd. 2, S. 70; Tüffers, Magistrat: Bruno Müller; Tüffers, Magistrat, S. 180-182, Foto, S. 173; Bauer, Gesellschaft, S. 117f., Foto, S. 118.
[2] Siehe Pressemitteilung der Stadt Frankfurt am Main vom 21.01.2010.
[3] Diese Zahl nannte Ralf Roth im Diskurs nach dem Vortrag von Benjamin Ortmeyer an der Goethe-Universität beim Symposium „Mäzene, Gelehrte, Bürger - Jüdisches Engagement und jüdische Gelehrsamkeit in der Frankfurter Universitätsgeschichte" am 26.05.2014.
[4] Kingreen, Stadtverwaltung, S. 250.
[5] Z. B. Kingreen, Politik, S. 229.

2. Quellenbasis

Die Rekonstruktion der Vergangenheit aufgrund einer geschichtswissenschaftlichen Forschung ist wesentlich bedingt von dem, was die Historikerin oder der Historiker sich an Untersuchungsmaterial erschließen kann. Bei zeitgeschichtlichen Themen können Zeitzeugen befragt werden, aber dieser Ansatz wurde hier nicht unternommen. Somit fußt diese Studie auf der Auswertung einschlägiger Forschungsliteratur sowie auf der Bearbeitung von Archivalien. Von daher ist ein wesentlicher Aspekt für die Arbeit, wie die Überlieferungsgeschichte dieser Akten ist.

Bruno Müller leitete als Stadtrat - und später als Stadtrat a.D. – die Stiftungsabteilung von ihrer Gründung in der Anfangszeit des „Dritten Reiches" bis zum Jahr 1957 (mit Ausnahme einer kurzen Unterbrechung); diese Abteilung verstand sich zumeist als Stiftungsaufsicht. In dieser Leitungsfunktion war Müller aktiv an der – überaus zurückhaltend formuliert - zweckentfremdeten Nutzung jüdischen Stiftungskapitals beteiligt. Es ist naheliegend, daß Müller nach der NS-Zeit darauf geachtet hat, seine Verantwortung resp. Schuld zu vertuschen und Belege dafür zu vernichten, um sich juristisch zu schützen und nicht strafrechtlich oder zivilrechtlich belangt zu werden.

In der Forschungsliteratur wird Bruno Müller als ein Mitglied des Frankfurter Magistrats in Bettina Tüffers „Der Braune Magistrat" behandelt. Darüber hinaus existieren weitere kurze biographische Notizen und es werden seine Tätigkeiten verstreut angesprochen, zum Beispiel ein Aspekt des Stiftungswesens in unserer Miszelle „Das Goldene Buch der Stiftungen".

Im Institut für Stadtgeschichte, dem Frankfurter Stadtarchiv, befinden sich einige wenige Unterlagen, die bei ihm als Nachlaß eingeordnet wurden. Vor allem sind dort Akten zur Stiftungsgeschichte vorhanden. Auch zu weiteren Aufgabengebieten des Kommunalpolitikers Müller gibt es zahlreiches Material. Darüber hinaus existieren dort Unterlagen zu seiner Verhandlung vor dem städtischen Hauptuntersuchungsausschuß. Im Hessischen Hauptstaatsarchiv Wiesbaden liegen die Akten für die Spruchkammerverfahren. Akten des Deutschen Gemeindetages - wie der

Deutsche Städtetag in der NS-Zeit hieß - finden sich im Landesarchiv Berlin, aus denen sich auch Handlungen von Müller ableiten lassen.[6]

Die Aktenüberlieferung zum „Dritten Reich" ist im allgemeinen relativ signifikant geprägt durch Kriegszerstörungen, teilweise durch bewußte Vernichtung, um Spuren zu löschen, aber auch durch Entsorgung, weil das Verständnis für die Geschichte in den ersten Nachkriegsjahrzehnten gering war.[7] Bisweilen ist es nur ein schlampiger Umgang mit Unterlagen gewesen, dessen Folgen aber ebenso negativ sind. Diese grundsätzlichen Probleme betreffen auch die Akten der NS-Herrschaft in Frankfurt am Main.

Wie sieht diesbezüglich die Aktenlage der Stiftungsabteilung aus? 1933 wurde die „Stiftungsabteilung gebildet und zwar als Unterabteilung des neugeschaffenen Rechtsamts, an dessen Spitze Stadtrat Dr. Bruno Müller tritt ... Die Geburtsstunde der Stiftungsabteilung ist die Verfügung des Oberbürgermeisters Krebs vom 23. Mai 1934 ... Seit 1938 ist die Stiftungsabteilung eine Delegationsstelle vom Regierungspräsidenten an den Magistrat hinsichtlich der Aufsicht über die Stiftungen im Bereich der Stadt Frankfurt. ... Nach 1945 war dann die Stiftungsabteilung vorübergehend dem Rechneiamt (Finanzverwaltung) unterstellt. Von 1948 bis März 1957 war Dr. Bruno Müller als Leiter der Stiftungsabteilung tätig."[8] Im Anschluß daran hatte Müller noch Zugriff auf die Akten aufgrund eines Werkvertrags. „Die erste große Ablieferung erfolgte am 13. Dezember 1979 an das Stadtarchiv anläßlich des Umzugs aus dem Rathaus-Südbau (Bethmannstraße 3) nach Sandgasse 6. ... Der in diesem Findbuch verzeichnete Bestand Stiftungsabteilung könnte ebenso gut Nachlass Dr. Bruno Müller heißen. ... Dies zur Erklärung, wenn im Bestand Stiftungsabteilung sich zahlreiche Manuskripte befinden, die Vorstudien zu Müllers Geschichte der Frankfurter Stiftungen darstellen. Außerdem weist der Bestand zahlreiche Fragmente von Akten auf, die die Ausbombung der Dienststelle 1944 überstanden haben, sowie eine Sammlung von Notizen, die

---

[6] Internetangaben, persönliche Auskünfte wie auch weitgehend Funde inTageszeitungen sind nicht für einen Überblick am Textende eigens aufgeführt worden.

[7] Möglicherweise ist dies eine Quelle für Akten, die ein Antiquariat über das Internet angeboten hat, siehe Fußnote unten.

[8] Neubauer/Haab, Findbuch, S. IIf.

das im Krieg verlorene Aktengut ersetzen sollte."[9] Es stellt sich die Frage, ob im Krieg „Zweitschriften ausgelagert" waren, wie es vom Rechneiamt geschah.[10]

In vielen Akten der Frankfurter Stadtverwaltung aus der ersten Hälfte des 20. Jahrhunderts sind die Seiten nicht paginiert. Und die Akten sind erstaunlich häufig ungeordnet. Bisweilen bestehen heute Akten aus der Zusammenlegung (von Teilen) mehrerer Altakten. Ob dann Vorgänge fehlen, kann nur vermutet werden; hin und wieder findet sich solches Material an anderer Stelle. Es ist auch nicht bekannt, ob Vorgänge und Niederschriften manipuliert worden sind.[11]

Die Unterlagen bezüglich vieler Stiftungen sind so dürftig, daß nur spekuliert werden kann, ob der Krieg oder bewußtes Handeln von städtischen Mitarbeitern dafür verantwortlich ist. Es läßt sich bei Stiftungen, die namentlich anscheinend nur einmal oder wenige Male in Briefen oder Vermerken zu finden sind, nicht abschätzen, ob und welche wesentlichen Unterlagen ggf. entfernt wurden. Ungeachtet der genannten Begrenzungen geben Quellen Aufschlüsse über das Wirken von Müller, gerade auch, daß und wie er bei der Ausplünderung von Stiftungen mitgewirkt hat. Es wäre verstärkt der Frage nachzugehen, wie Müller arbeitete: Er hat auf Stiftungen Druck ausgeübt. Geschah dies schriftlich, fernmündlich oder in persönlichen Gesprächen? Wie hat er dies dokumentiert, wie die Ergebnisse festgehalten? Vor diesem Hintergrund wären die Verluste in den Akten einzuschätzen.

Es ist nicht auszuschließen, daß Müller Bestände unangetastet ließ, um die Existenz seiner Unterlagen zur Stiftungsgeschichte nicht merkwürdig singulär erscheinen zu lassen. Wer weiß, ob es Verdacht erregt hätte, wenn

---

[9] Neubauer/Haab, Findbuch, S. IV.
[10] Siehe MA 9.200, Bl. 10. Alle Akten, sofern nicht anders angegeben, sind aus dem Frankfurter Institut für Stadtgeschichte. Müller konnte z. B. gegenüber dem Hauptuntersuchungsausschuß auf Schreiben von und an Marie Pfungst vom Oktober 1935 verweisen; an anderer Stelle behauptete er, Handakten zu Hause gehabt zu haben, die er Ämtern zu Verfügung gestellt habe, HHStAW, 520F, R 4704, K 2185, Bl. 53.
[11] Beim Senckenberg-Museum hatte der NS-Direktor nach dem Krieg „Original-Protokolle an sich genommen und neu geschrieben", wie Andreas Hansert feststellen konnte, siehe Janovic, Inga, Brauner Fleck auf Senckenberg, in: Frankfurter Neue Presse, vom 26.01.2018.

keinerlei Akten mehr vorhanden gewesen wären? Zudem wäre es unpraktisch gewesen. Oder ging er davon aus, daß diese Akten mit ihren Vorgängen zu ihrem jeweiligen Zeitpunkt keine Gefahr mehr für ihn bedeuteten? Es kann auch sein, daß der Krieg und die Umstände ab 1948/49 - als die sog. „Vergangenheitsbewältigung" (vollends) in den Hintergrund gedrängt wurde - dafür gesorgt hatten, daß Müller sich diesbezüglich keine Gedanken (mehr) zu machen brauchte, so daß er bei der Wiederaufnahme der Leitung der Stiftungsabteilung es nicht als notwendig ansah, den Bestand zu manipulieren.

3. Lebenslauf

Bruno Müller, geboren am 16. Februar 1889 und verstorben am 14. März 1968, war ehrgeizig. Nach Studium, juristischer Promotion[12] und den Staatsexamina wurde er Ende 1916 zum Militär eingezogen. Für diesen Zeitraum gibt es divergierende Angaben zu zeitlich überschneidenden juristischen Tätigkeiten. An der Front war er jedenfalls nur zwei Wochen, vom 11. bis 25. August 1917. Dann kam er wegen „einer schweren Ruhrerkrankung" zurück und wurde „nach längerer Lazarettbehandlung" „zum Zivildienst entlassen". Es scheint so, als ob es ihm geschickt gelungen wäre, sich möglichst aus der Gefahrenzone fernzuhalten. Im April 1918 wurde er juristischer Hilfsarbeiter der Stadtverwaltung Frankfurt an der Oder. Sein großer beruflicher Erfolg war es, schon in jungen Jahren dort im Januar 1919 zum hauptamtlichen Stadtrat gewählt zu werden.[13] (Er erklärte in einem NS-Fragebogen, daß er von 1919 bis 1933 der Deutschen Volkspartei nahegestanden habe.) Der nächste Schritt führte ihn ins damals noch selbständige Höchst, wo er im Februar 1926 Bürgermeister wurde.[14] Gut zwei Jahre später wurde Höchst in Frankfurt am Main eingemeindet. (Bis Mitte 1930 stand Höchst unter französischer Besatzung.) Müllers Zukunft war gesichert, weil es „eine Bedingung des Eingemeindungsvertrags"[15] war, daß er hauptamtlicher Stadtrat in Frankfurt werde. Müller wollte mehr als eine bloße Versorgung, da seine

---

[12] Siehe Müller, Testament.
[13] Vgl. Müller/Schuster, Ostmark.
[14] Nachweise und Zitate siehe PA 65.185, PA 65.186.
[15] Tüffers, Magistrat. S. 181.

Kompetenzen sich nun überwiegend auf Höchst und westliche Vororte bezogen:[16] Deshalb kandidierte er 1931 für das Amt des Stadtkämmerers und 1932 zum Bürgermeister, aber er verlor beide Wahlen. Der nächste Einschnitt geschah nach der Kommunalwahl am 13. März 1933: Die Nationalsozialisten „usurpierten"[17] den Römer und der Alte Kämpfer Friedrich Krebs wurde kommissarisch zum Stadtoberhaupt ernannt.[18] Der bisherige Oberbürgermeister Ludwig Landmann war vertrieben worden und dann ebenso Stadträte aus ihren Ämtern. Aber Müller blieb in Amt und Würden. Um das abzusichern, trat er am 28. April 1933 der NSDAP bei. Er bekam die Mitgliedsnummer 2 399 673. Zudem ist er Mitglied der NSV, im Rechtswahrerbund sowie im Reichsbund der deutschen Beamten jeweils von 1935 bis 1945 gewesen.[19] Im Fragebogen für die „Parteistatistische Erhebung 1939" hatte er außerdem seine Mitgliedschaft im Reichsluftschutzbund sowie im Volksbund für das Deutschtum im Ausland angegeben und darüber hinaus aufgeführt, daß seine Frau in der NS-Frauenschaft sei.[20] „Sein Verhalten wurde .. vom Leiter der Ortsgruppe Höchst wohlwollend registriert: Müller besuche regelmäßig Schulungs- und Mitgliederversammlungen der NSDAP und sei politisch zuverlässig. Auch seine Spendenbereitschaft gab der Partei keinen Grund zur Klage."[21] Müller soll jedoch, so wurde nach 1945 behauptet, während der NS-Zeit kirchlich engagiert gewesen sein.[22] Der NS-Oberbürgermeister Krebs wollte Müller 1939 als Dank für seine gute Arbeit „eine grössere Studienreise durch Europa"[23] gewähren. Müller fuhr in dem Jahr nach Brüssel auf eine „Kongress-Tagung" sowie nach Venedig und Budapest zum „Studium der

---

[16] Gegenüber der Spruchkammer sagte er, daß er von 1928 bis 1930 „Leiter der selbständigen Polizeiverwaltung" in den „westlichen Vororten" gewesen sei, siehe HHStAW, 520F, R 4704, K 2185, Bl. 71.

[17] Tüffers, Magistrat, S. 165.

[18] Zum NS-Oberbürgermeister Krebs siehe Walburg, Mär; Drummer, Krebs; Drummer, Wahren.

[19] Siehe HHStAW, 520F, R 4704, K 2185, Bl. 1, Fragebogen vom 25.04.1946; zudem siehe PA 65.185, Bl. 201.

[20] Siehe HHStAW, 520F, R 4704, K 2185, Bl. 5. Im revisionistischen VDA war er seit 1930 gewesen, siehe ebenda, Bl. 87, 92, zum Reichsluftschutzbund siehe Bl. 99. Der Reichsluftschutzbund war erst ab 1944 eine Organisation der NSDAP, zuvor nur eine betreute Organisation der NSDAP, siehe Kramer, Mobilisierung, S. 75f.

[21] Tüffers, Magistrat, S. 213; sie verweist auf HHStAW 483 10.553, eine Akte, die sich (26.10.2018) bei der Entsäuerung befand.

[22] Siehe Tüffers, Magistrat, S. 180-182, 211, 213f.; siehe auch S. 94.

[23] MA 4.212, Bl. 180(schwarz), vom 05.06.1939.

Straßenbeleuchtung", was man als fadenscheinigen dienstlichen Vorwand ansehen kann.[24] Müller wiederum charakterisierte Krebs als „herzensgut".[25] Vom Militärdienst zurückgestellt wurde Müller am 29. August 1944.[26]

Der Jurist Bruno Müller wurde 1933 Rechtsdezernent der Stadt Frankfurt am Main,[27] die sich mit dem Wahlspruch (sehr wahrscheinlich seit 1837) rühmt: Stark im Recht. In der NS-Zeit war dieses Motto der blanke Hohn: Als Rechtsdezernent trug Müller seinen Anteil an der Verantwortung bei den Rechtsverletzungen durch die Stadt Frankfurt am Main.

„Seit seiner Entlassung aus städtischen Diensten im Mai 1945 arbeitete Müller als Wirtschaftsberater und selbständiger Gutachter und versuchte in den folgenden Monaten systematisch, auf die Positionen zurückzugelangen, die er vor 1945 innegehabt hatte. So bat er beispielsweise um Wiederzulassung als Vorstandsmitglied von Stiftungen oder als Aufsichtsratsmitglied in Firmen, womit er allerdings nicht in jedem Fall Erfolg hatte."[28] Es ist davon auszugehen, daß Müller seine Mitarbeit in den Stiftungen ab Juni 1945 nutzen wollte, um berufliche Kontakte zu halten, um sozial eingebunden zu sein und auch um Aufwandsentschädigungen sowie Einnahmen zu erhalten. Der Stadtkämmerer Friedrich Lehmann hatte ihm im Mai 1945 eine Vergütung bei der Heister-Stiftung gewährt.[29] Für die

---

[24] Zitate und Nachweis siehe PA 65.185, Bl. 202verso (Fragebogen). Im Rahmen der Wahrnehmung von Aufsichtsratsmandaten ist er immer wieder zu Sitzungen und zur Information in Deutschland gereist wie auch zum Deutschen Gemeindetag. Hinzu kommen Reisen als amtierender Baudezernent sowie als Vertreter der Stadt, z. B. zur Beerdigung von Bosch in Ludwigshafen. Es gab auch Besichtigungen und Konferenzbesuche in Europa, so 1937 nach Paris, 1938 nach Brüssel und Wien, 1939 auch nach Wien, siehe MA 5.327, MA 5.328 und Stadtwerke 493, vom 17.03.1937; vom 30.06.1937.

[25] MA 4.146, Bl. 83.

[26] Siehe PA 65.185, Bl. 202, (Fragebogen).

[27] Siehe Tüffers, Magistrat, S. 181.

[28] Müller war anscheinend nicht am 1.5., sondern erst am 30.5.1945 von den Amerikanern entlassen worden, siehe HHStAW, 520F, R 4704, K 2185, Bl. 76; siehe auch Tüffers, Magistrat: Bruno Müller. Er gelangte beispielsweise wieder in den Aufsichtsrat der Hessen-Nassauischen Gas AG, siehe Tüffers, Magistrat, S. 231. Aus der Zeit nach 1945 „stammen verschiedene im Auftrag der 'Polytechnischen' verfasste Situationsberichte und Gutachten", so Bauer, Gesellschaft, S. 118.

[29] Siehe MA 9.631, vom 31.05.1945.

Stadtverwaltung verfaßte Müller im Auftrag von Altheim[30] dann ein scheinbar neutrales „Gutachten über den Ankauf der Kunstsammlung von Goldschmidt-Rothschild", in dem er diese „Arisierung" wahrheitswidrig als legitimen Kauf einstufte und dreist im Umkehrschluß „sogar Forderungen an die Erben"[31] stellte; dabei war er damit beruflich als Rechtsdezernent und zudem als amtierender Baudezernent bei der „Arisierung" der Immobilie beteiligt gewesen. Max von Grunelius beauftragte ihn im März 1946 mit der „Überarbeitung der Statuten"[32] des Mitteldeutschen Kunstgewerbe-Vereins. In seiner Tätigkeit als Wirtschaftsberater sandte er einen Brief an einen Herrn Hoffmann. Das war im Juli 1947, als es Müller dabei um die Finanzen und ein Haus ging, das wohl zu einem Stiftungsvermögen gehörte. Dabei verwies Müller auf Unterlagen zum Wertpapierbesitz des Herrn Hoffmann.[33] Es zeigt sich hieran deutlich, wie Müller seine dienstlichen Kenntnisse und seine Kontakte nutzte, um als Berater ins Geschäft zu kommen. Im Kontrast dazu steht das Lob durch die „Mitteilungen der Stadtverwaltung Frankfurt" aus dem Jahr 1954: „Außerdem wirkt er ehrenamtlich in einer größeren Reihe von Privatstiftungen."[34]

Müllers Zeit als Stadtrat endete im Mai 1945. Aufgrund seiner Bemühungen schaffte er es, zum 1. Mai 1948 der kommissarische Leiter der Rechtsstelle zu werden. Am 1. Oktober desselben Jahres hatte er sein Ziel erreicht: er leitete wieder die Stiftungsaufsicht - noch ohne Entgelt. Schließlich erhielt er unter dem 25. April 1949 einen Dienstvertrag als städtischer Angestellter; in dieser Position wirkte er bis zum 31. März 1957.[35] Anschließend konnte er sogar noch einen Werkvertrag bis Ende September 1957 ausüben, währenddessen er seinen blinden Nachfolger einarbeitete sowie die Endfassung seines Buches über die Frankfurter Stiftungen abschloß.

---

[30] Siehe Rechneiamt, IV/2, [Teil 5], Müller an Kulturdezernent Keller, vom 29.03.1946, Bl. 1; der Vorgang ist de facto doppelt vorhanden. Siehe auch Weiler, Kunstobjekte, S. 144f. - Anm. 32.
[31] Weiler, Kunstobjekte, S. 149; siehe auch ebenda, S. 149 – Anm. 66; S. 150.
[32] Bauer, Bedauern, S. 59.
[33] Siehe Stiftungsabteilung 580, [Hoffmann-Stiftung], vom 24.07.1947.
[34] PA 65.185, Bl. 308 (Nr. 8), vom 20.02.1954. (Man hatte anscheinend ein ziemlich „postmodernes" Verständnis von „ehrenamtlicher" Tätigkeit.)
[35] Siehe PA 94.260.

4. Rolle im „Dritten Reich"

In der NS-Stadtregierung bekam Müller 1933 die Zuständigkeit „für die Städtischen Werke, die Höchster Bezirksverwaltung, Vorort- und Rechtsangelegenheiten".[36] In Höchst kamen noch bestimmte lokale Polizeiaufgaben hinzu. Er erhielt darüber hinaus zeitweilig weitere Aufgaben. Es existieren von ihm Vorträge zum „Wasserwerk, Elektrizitätswerk, Hebedienst, Rechtsamt, Stiftungsabteilung, Rechnungsprüfungsamt, Bauamt, Übernahme des Palmengartens."[37] Gegenüber der Spruchkammer stellte er sein Arbeitsfeld so dar: „Dezernent des Werksamtes, des Rechtsamtes, des Rechnungsprüfungsamtes, des Bezirksamtes Höchst, des Vorortsdezernats und als Vertreter der Stadt im Aufsichtsrat von etwa 10 Gesellschaften … Vertreter des Kämmerers, des Stadtbaurats, des Dezernenten des Verkehrs- und Wirtschaftsamtes, des Standesamtes."[38] Die Bandbreite seiner Tätigkeiten - mit möglicherweise zentralen Einblicken wie beim Rechtsamt - weist darauf hin, wie Müller im NS-Unrechtsstaat mitarbeitete. Er hat bei Untaten mitgewirkt und er hatte unmittelbar oder mittelbar Kenntnis von Verbrechen. Um einen Eindruck zu vermitteln, sollen in einem Kaleidoskop einzelne Beispiele verteilt über Jahre und Aufgaben vorgestellt werden.

Da Müller zuständig war für das Rechtsamt, wird er als promovierter Jurist schon allein aufgrund dieser Aufgabe von vielen Rechtsverstößen gewußt, sie befürwortet oder gar geprägt haben. Man kann bei ihm davon ausgehen, daß er hierbei nach seinen Möglichkeiten initiativ gewesen ist.

Müller unterbreitete dem NS-Oberbürgermeister 1935 den Vorschlag, ein Denkmal zum ersten Spatenstich „des Führers und Reichskanzlers" zur „Eröffnung der Reichsautobahn" vom September 1933 zu errichten. Dafür sollte ein monumentaler Spaten zwischen „den beiden Fahrbahnen ...

---

[36] Tüffers, Magistrat, S. 181.
[37] Siehe Nachlaß Bruno Müller S1-25, (7. Laufzeit: 15.05.1934 - 27.12.1944); zur Ablösung Stadtrat Michels durch Müller beim Revisionsamt vom 18.04.1933 siehe MA 4.700, Bl. 96; zum Bauamt habe die Stadtentwässerung gehört, erklärte Müller gegenüber der Spruchkammer, siehe HHStAW, 520F, R 4704, K 2185, Bl. 103.
[38] HHStAW, 520F, R 4704, K 2185, Bl. 94. Sieben Mandate in kommunalen Unternehmen hatte er als Vertreter der Stadt gemäß Martin Münzel 1932, siehe Münzel, Mitglieder, S. 39f.

unmittelbar südlich der großen Mainbrücke" errichtet werden, dessen Spatenfläche eine „Größe von 3 x 3 m" haben sollte mit der Aufschrift „'Dem Retter Deutschlands'".[39] Müller wollte damit auf die Rolle Frankfurts beim Beginn des Baus der Reichsautobahnen hinweisen. Hier bediente sich Müller des Lokalpatriotismus' und des Führerkults, um seinem Ehrgeiz und seiner beruflichen Eitelkeit Handlungsraum zu geben.[40]

Müller mußte in den ihm „unterstellten Amts- u. Dienststellen" die Erbringung des Ariernachweises der Ehefrauen überwachen.[41] Es zeigt sich beispielhaft an dem Vorgang, wie weit die städtischen Mitarbeiter, angefangen bei den hauptamtlichen Stadträten, in die breitgefächerte und tiefgreifende rassistische NS-Politik mit ihren immer neuen kommunalen Ausgrenzungen, Ausplünderungen und Verfolgungen involviert waren. Wenn sie sich nach dem Ende des „Dritten Reiches" als „anständige" sachbezogene Beamte darstellten, so haben sie statt dessen in ihrer täglichen Arbeit wieder und wieder das NS-Regime unterstützt resp. getragen. In der NS-Zeit wurde in Frankfurt statt des Begriffs Dezernent formal vom Amtsleiter gesprochen, um gemäß dem Führerprinzip dem NS-Oberbürgermeister eine umfassende Entscheidungskompetenz zuzusprechen. Die zitierte Formulierung aus einem Schreiben des „Personalamtsleiters" ist ein guter Nachweis, daß die Bezeichnung „Amtsleiter" für die Dezernenten

---

[39] Zitate siehe Heuer/Kremer/Mayer, Wetterleuchten, S. 22, mit Verweis auf Magistratsakten und Datum 29.04.1935. In den Folgejahren hielt Müller an seiner Idee fest, so auch 1937: „Diese Stätte ... wird künftig noch durch ein besonderes Ehrenmal hervorgehoben werden müssen", Müller, Aufbauwillen, S. 490. „Die Frage des Ehrenmals an der Stelle des ersten Spatenstichs ist mit Herrn OBM erneut besprochen worden", siehe Stadtwerke 483, Müller vom 21.11.1938. (Vgl. hingegen seine Position gegen den Handwerkerbrunnen von Max Esser, siehe Drummer, Brunnen, S. 60.) Es stellt sich die Frage nach Müllers Rolle bei der Gedenktafel in Höchst zur französischen Besatzung: „Zur Erinnerung an die Besatzungszeit liess das Bezirksamt Höchst eine Gedenktafel an der Höchster Stadtmauer am Main von dem Bildhauer Richard Biringer schaffen, die einen deutschen Arbeiter zeigt", siehe Höchst 1.721, Müllers Typoskript „Höchst in der Besatzungszeit 1918-1930", handschriftlich: „Vollendet 1931", Bl. 37.
[40] Es gab weitere Planungen zu Standbildern unter Müllers Beteiligung, so eines für die deutsche Mutter, siehe Stadtwerke 493, vom 09.01.1937; vom 15.07.1937, „22, 1, 3, 61, 71, 83, 11, Baupolizei"; ein Kriegerehrenmal, siehe ebenda, 23.03.1937; ein Denkmal Karls des Großen, siehe ebenda, vom 03.02.1937, „an 22"; vom 10.06.1937, „3, 31".
[41] Siehe von Bidspirit; das dort gezeigte Formblatt findet sich in Personalakten.

als Teil der Lingua tertii imperii nicht die Realität zeigte, da eben von unterstellten Amtsstellen im Plural die Rede ist, also der übergeordnete Dezernent angeschrieben wurde, der Begriff somit nur dem Führerprinzip geschuldet war.

Als ein Tätigkeitsfeld mit unmenschlichen Machenschaften erwies sich damals in der Frankfurter Stadtverwaltung auch das Bauamt. An dessen Spitze stand der Baudezernent. Müller wirkte als sein Stellvertreter und hatte interimistisch die Leitung des Bauamtes „von Juni 1936 bis Juni 1939"[42] inne. 1938 lobte er die NS-Stadtregierung in einem Artikel in der „Frankfurter Wochenschau": „Der Tatkraft der letzten Jahre gelang es …"[43] Das NSDAP-Mitglied Müller zeigte sozialrassistische Überzeugungen mit einem Biologismus im selben Jahr in einem Beitrag für das gleiche Magazin. Er bezeichnete nämlich die Altstadt als „Schlupfwinkel von Gesindel .. Diese Krankheit drohte sich wie eine Entzündung auch auf die noch gesunden Teile der anstoßenden Stadtbereiche auszubreiten."[44] Sie sei „eine Wunde, die ′entweder geheilt oder eingekapselt′ werden müsste."[45] Wenn man bedenkt, daß Müller an anderer Stelle schrieb, die „unbemittelten neu zugewanderten Juden haben zum grossen Teil schlechte Wohnungen der Altstadt bezogen",[46] dann erhält seine Menschenverachtung eine antisemitische Färbung. Als unter seiner Verantwortung die Stadt den „sehr umfangreichen Grüneburgpark aus dem Besitz der Familie Rothschild" übernahm, wertete Müller dies in der Zeitschrift „Die nationalsozialistische

---

[42] Tüffers, Magistrat, S. 203. Er war dabei auch zuständig für das Liegenschaftsamt und damit für den „Kauf" – also „Arisierungen" - jüdischer Immobilien in der NS-Zeit, siehe z. B. Eizenhöfer, Stadtverwaltung, S. 304.

[43] Müller, Straßennetz, S. 284; der Zeitungstext wurde erneut gedruckt als Müller, Arbeit. Ohne Autorenangabe ist der Text „Pflege des Stadtbildes in Frankfurt am Main", in: Die nationalsozialistische Gemeinde, 7, 1939, S. 427; aufgrund von Müllers Zuständigkeit für das Baudezernat sollte er von der Veröffentlichung gewußt haben. Vielleicht hatte er sie initiiert oder wesentlich beeinflußt?

[44] Müller, Altstadtverfall, S. 446. Er hatte im Jahr zuvor dort geschrieben: „ist unter der Leitung von Wilhelm Merton zu der allgemein bekannten Metallbank emporgewachsen, … aus dem die Metallgesellschaft hervorging", Müller, Industrie, S. 323. Müller hatte demnach 1937 presseöffentlich einen Juden gelobt. Oder hatte er dies nicht gewußt, da es heißt, Nationalsozialisten hätten die Mertons für Hugenotten gehalten?

[45] Zukunft der Altstadt beschäftigte Frankfurter schon vor 100 Jahren, in: Frankfurter Neue Presse, 10.03.2018 [auch digital].

[46] Müller, Wohnungsbautätigkeit, S. 5.

Gemeinde" mit den Worten, man – also er - habe ihn „dadurch der Allgemeinheit gesichert", als ob eine Art von Gefahr bestanden hätte, die Eigentümer könnten ihn mißbräulich verwenden.[47]

Die militärische Aufrüstung des NS-Staates führte zu einem Mangel an Arbeitskräften. Wenn die Stadt Frankfurt in der zweiten Hälfte der 30er Jahre Menschen in besonderen Arbeitsformen beschäftigte, so ist davon auszugehen, daß dieser „Arbeitseinsatz" mehr oder weniger unter Zwang geschah und die Stadtverwaltung auf diese Weise an billige Arbeitskräfte kam: So gab es Notstandsarbeiter, Fürsorgearbeiter[48] und Volksdienstarbeiter. Müller hatte dazu berufliche Kenntnisse. Zum Jahresende 1938 berichtete er, daß in diesen drei Formen 1247 Personen mit kommunalen Arbeiten beschäftigt seien, davon bei Volksdienstarbeitern „in Sonderkolonnen 53 Juden männl.[,] 14 Juden weibl."[49] Dies ist nicht die einzige Überblicksliste zum Arbeitseinsatz, die Müller anfertigen ließ. Zum April 1939 teilte er mit: „Ferner finden 15 jüdische Volksdienstarbeiter zur Ableistung von 975 Tagewerken bei den Arbeiten zur Herrichtung des Kinderheimes Häusergasse 11 und des anschliessenden Grundstücks Verwendung." Bei diesen städtischen Arbeiten wurden zu dem Zeitpunkt 1293 Personen beschäftigt.[50] Müller schrieb, daß Volksdienstarbeiter in der Hauptsache Juden seien.[51] Es wurde von Müller auch geprüft, ob die Stadt „Arbeitslosenvorhaben zur Beschäftigung von wohlfahrtserwerbslosen Juden"[52] bereitstellen könne.

---

[47] Zitate siehe Müller, Aufbauwillen, S. 491.

[48] Müller notierte sich: „Herr OBM ist mit der Erhöhung der Stundenzahl für die Fürsorgearbeiter auf 48 Stunden einverstanden", Stadtwerke 493, vom 25.03.1937, „91"; siehe auch ebenda, vom 31.12.1937,, „91, 83".

[49] Nachweise und Zitat siehe MA 5.587, Bauamt, [im „Monatsbericht" für den Gauleiter vom Dezember 1938], S. 5.

[50] Siehe MA 5.587, Bauamt, vom 10.05.1939, (S. 5).

[51] Siehe MA 5.587, vom 04.03.1939, (S. 5); vgl. Becht, Arbeitskräfte, S. 428. „Die Volksdienstarbeiter erhielten … früher neben der ihnen weitergezahlten Wohlfahrtsunterstützung eine geldliche Zusatzvergütung" von 60 oder 70 Pfennigen am Tag und später statt dessen eine „warme Mahlzeit". Zu den Aufgaben gehörten unter anderem „Befördern von Feuerlöschsand und Anstrich der Dachstühle mit Feuerschutzmitteln", siehe Wohlfahrtsamt 1.860, „Verwaltungsbericht ... 1937/38", S. 49f.

[52] MA 5.587, Müller, vom 05.02.1939, S. 5f.

Müller wirkte mit an der Förderung von NS-Organisationen durch die Stadt Frankfurt: Dabei ging es um die räumliche „Unterbringung" vom NSKK, um die „Bereitstellung von Arbeitskräften und Räumen für die NSV und WHW" oder um einen „Stromanschluss für das Heim der Marine SA in der Nähe des Ruderdorfes am südlichen Mainufer".[53] Zur alltäglichen Praxis gehörte offenkundig auch, daß ein „Anspruch der Stadt" gegen die „2. SS-Standarte" „niedergeschlagen" wurde, weil sie verschuldet war;[54] daß die SS insgesamt für eine ihrer Einheiten aufkommen mußte, war ein Gedanke, der offenkundig nicht gefaßt wurde. Es wurde auch Parteipropaganda unmittelbar durch die Stadt gefördert, so kostenloser Strom für einen „Propagandazug gegen den Bolschewismus ... am Rossmarkt"[55] geliefert.

Als 1937 die Stadt ein sog. „Zigeunerlager" in der Dieselstraße einrichtete, war Müller darin involviert.[56] In diesem unmenschlichen Zwangslager wurden Sinti und Roma interniert.

Im selben Jahr war Müller auch in den Kauf der „Liegenschaft des Sportklubs Frankfurt 1880" eingebunden: „114 500.- RM" zahlte die Stadt dafür, um dem Verein finanziell ein neues Fundament zu geben. Damit war der Verein nicht mehr auf seine jüdischen Mitglieder finanziell angewiesen und konnte sie ausschließen. Müller wird die antisemitische Intention dieser Aktion bewußt gewesen sein.[57]

1939 schlug Müller in einer sog. Amtsleiterbesprechung mit einer unverschämten Begründung vor, bei der „Synagoge Freiherr vom Stein-Strasse" die „Bronzeteile am Eingang" zu entfernen: er sprach sich dafür

---

[53] Nachweise und Zitate siehe Stadtwerke 493, vom 24.09.1936; vom 19.09.1936, „33"; vom 09.01.1937, „1, 33 und 61"; vom 03.12.1937, „22"; vom 25.11.1937.

[54] Zitate und Nachweis siehe Stadtwerke 493, vom 08.09.1936.

[55] Stadtwerke 493, vom 03.11.1936.

[56] Siehe Sandner, Zwangslager; MA 5.586, Bauamt, vom 03.07.1937, Bl. 1verso, sowie Gesamtbericht, Bl. 8. Stadtwerke 493, vom 15.09.1936 verso, „Stadtrat Dr. Lingnau, 1, 22 und 61": „Ich habe dem Herrn OBM vorgetragen, dass der Polizeipräsident ein Zigeunerlager an der äusseren Hanauerlandstrasse schaffen will, dass aber das Verkehrs- und Wirtschaftsamt die Errichtung des Lagers an der Dieselstrasse in Vorschlag bringt."

[57] Zitate und Nachweis siehe MA 5.586, Bauamt, vom 03.07.1937, Bl. 2verso, sowie Gesamtbericht, Bl. 10; Stehen/Wolzogen, Synagogen, S. 89; Stemmler, Schuld, S. 102f.; Stadtwerke 493, vom 10.04.1937, „1"; vom 21.04.1937, „1 und 61".

aus, „da sie unnötig zu Diebstählen Veranlassung geben könnten."[58] Nimmt man die Unterlagen zu diesen Beratungen zur Hand, so sind weitere vergleichbare Vorgänge auffindbar. Und Müller ließ durch das Bauamt „Metallbestände" vom „Judenfriedhof" „entfernen u. in Verwahrung nehmen".[59]

Müller war amtierender Baudezernent bis Juni 1939. Von daher stellt sich die Frage, wie sehr er involviert war in Maßnahmen zum Schutz von Kunstwerken vor einer erwarteten Bombardierung im gewollten Krieg.[60] Er wird auch mittelbar Einblick erhalten, in welchem Umfang Raubkunst erworben worden war, weil „Anfang 1943" das Rechnungsprüfungsamt den Auftrag bekam, einen zentralen Nachweis „des aus ́Luftschutzgründen ausgelagerten Eigentums der Stadt́" zu erstellen.[61]

Ende der 30er Jahre war die Stadtverwaltung von Frankfurt am Main an zahlreichen sog. „Arisierungen" beteiligt. Bruno Müller war dabei aktiv. Für die Spottpreise von 77 227 RM für Grundstücke sowie von 620 000 RM für die „bebaute Liegenschaft Bockenheimer Landstrasse 10 mit Park" wurden sie Max Freiherr von Goldschmidt-Rothschild weggenommen.[62] Mit „135 000.- RM"[63] wurde der Kaufpreis beziffert, den die Stadt nur für Richard Mertons Villa Am Leonhardsbrunn auszugeben gedachte. Dieses architektonische Schmuckstück war vorgesehen für ein Deutsches Apothekenmuseum, mit dem der NS-Oberbürgermeister die wissenschaftlichen Einrichtungen Frankfurts vermehren wollte. Müller war

---

[58] MA P 215, vom 16.05.1939 (Nr. 85); MA 4.128, Bl. 3, 8.

[59] PA 65.185, Bl. 218. Man vgl. dazu Müllers Beteiligung an der Planung einer „Strassenbahndurchleitung durch den jüdischen Friedhof am Marbachweg", siehe Stadtwerke 493, vom 01.10.1936, „61".

[60] Siehe dazu der zeitlich etwas spätere Vorgang in Heckötter, Hauptsammelgebiet, S. 135 - Anm. 30, Schreiben vom Bauamt ans Liebieghaus, Evakuierung der Kunstwerke vorzubereiten, vom 08.08.1939, mit Verweis auf das Städel-Archiv, Akte 639.

[61] Zitate siehe Steen, Silbererwerbungen, S. 175 - Anm. 56, mit Verweis auf Revisionsamt 60, vom 08.01.1943.

[62] Nachweise und Zitat siehe MA 5.587, Bauamt, vom 04.10.1938, (S. 4). In der Verhandlung der Gemeinderäte am 20. Dezember 1938 sprach Müller für den nicht anwesenden Keller und verteidigte die Ausplünderung von Goldschmidt-Rothschild, siehe MA Nachtrag 114, Bl. 55f.

[63] MA 5.587, Bauamt, vom 10.05.1939, (S. 4); vgl. Dokumente, Geschichte, S. 137-139.

20

beteiligt, als Boris Rajewsky vorschlug, die „Villa Beit von Speyer in Ffm.-Sachsenhausen (Forsthausstraße 70, heute: Kennedyallee 70)" für sein Forschungsinstitut zu verwenden. Die Stadt „erwarb das Grundstück 1937 zu einem weit unter Wert liegenden Preis von den emigrierten Erben und stellte es dem KWI für Biophysik zur Verfügung, das dort nach Umbauarbeiten 1939 seine Arbeit aufnahm."[64] Auch die Kunstsammlung Carl von Weinbergs wurde durch die Stadt „arisiert": „Der Wert dieser Kunstsammlung stellt ein Vielfaches von dem dar, was wir bezahlen",[65] brüstete sich Müller.

Die städtische Rechnungsprüfung wurde 1939 - als Müller dafür die Verantwortung trug -beauftragt, „eine Nachprüfung der wirtschaftlichen Leistungsfähigkeit der jüdischen Gemeinde"[66] vorzunehmen. Damit sollte sehr wahrscheinlich unter anderem der Umfang einer unrechtmäßigen Übertragung von Sozialausgaben für Juden auf die Jüdische Gemeinde geprüft werden.

Die Gemeinderäte behandelten in ihrer Sitzung am 4. April 1939 den „Kauf" jüdischer Immobilien mit den sog. „Judenverträgen". Dazu gehörten auch jüdische Friedhöfe. Müller begründete die Vereinbarung einer finanziellen Gegenleistung damit, „daß ´die Juden selber die Wohlfahrtslasten für ihre Stammesgenossen tragen´" und dafür dieses Geld verwenden sollen. Der Stadt gelang es mit diesen Übervorteilungen, sich sehr günstig Immobilien anzueignen und Konkurrenten auszustechen. Zudem mußte die Stadt dafür nicht „eine Ausgleichsabgabe an das Reich zahlen".[67] Über viele Jahre berichtete der NS-Oberbürgermeister Krebs in Monatsberichten dem

---

[64] Wesp, Rajewsky; siehe Stadtwerke 493, vom 24.06.1937, an „Dr. Lehmann, 61, 3", „das Haus Speier[sic] Forsthausstrasse für das Institut für physikalische Medizin (Prof. Rajewski) ausgestaltet wird"; ebenda, vom 17.07.1937; Wesp, Villa; siehe Stemmler, Schuld, S. 21, 96; Eizenhöfer, Stadtverwaltung, S. 304f.; zum Haus Palmengarten 14 vgl. Stadtwerke 493, vom 26.06.1937, „1".
[65] Mack, Familie, S. 78.
[66] MA 5.587, Rechnungsprüfungsamt, vom 05.02.1939, [für „Monatsbericht" Januar 1939], (9), sowie ebenda, März 1939, [für „Monatsbericht" Februar 1939], (7).
[67] Nachweise und Zitate siehe Tüffers, Magistrat, S. 267f. Siehe auch ISG, Webseite, Stadtchronik, [Stand: 16.10.2018], zum 4. April 1939: „Öffentliche Sitzung der Gemeinderäte: Berichterstattung über die „Arisierung" der Friedhöfe der Jüdischen Gemeinde Frankfurt am Main durch den hauptamtlichen Stadtrat Dr. Bruno Müller (1889-1968)."

Gauleiter über die Arbeitsleistungen der Stadtverwaltung. Die Dezernenten lieferten Krebs zu ihren Aufgabengebieten die Informationen. So schrieb Müller für das Bauamt zu sog. „Entjudungsangelegenheiten": „Aufgrund ergangener Verfügung des Herrn Regierungspräsidenten vom 4.4.39 werden alle Genehmigungsanträge jüdischer Liegenschaften sowie die Bietgenehmigung für Zwangsversteigerungen jüdischer Liegenschaften durch den Oberbürgermeister-Bauamt-Vermessung [sic, GSt.] bearbeitet. Die Anträge haben solchen Umfang angenommen, das zur Zeit 7 Beamte und 2 Angestellte ... mit Entjudungsangelegenheiten beschäftigt sind." Und die Stadt hatte „Synagogen, Krankenhäuser usw. für 1 819 395.- RM" sowie Grundstücke für insgesamt „147 863.- RM erworben".[68] Aus diesen Angaben läßt sich erkennen, wie sehr die Mitarbeit der Kommunen für die „Arisierung" der Immobilien von Juden notwendig war.

Nach der Reichspogromnacht wollte in einer Sitzung „Ratsherr und SA-Brigadeführer Karl Dörnemann" es erreichen, daß Juden die Benutzung der Straßenbahn verboten werde. Krebs wollte, daß die Reichsbahn dies zuerst regeln solle. „Stadtrat Müller argumentierte auf die gleiche Weise." Man müsse sich an bestehende Gesetze halten, so daß „gesetzliche Maßnahmen der Reichsregierung" notwendig seien. Darüber hinaus wurden praktische Probleme bei der Umsetzung thematisiert.[69]

Im Rahmen von Besprechungen über die finanzielle Belastung der Stadt zugunsten des Bezirksverbands Nassau kann Müller dienstlich Einblicke in die Euthanasie erhalten haben.[70] Dies wird auch aufgrund seiner Stellung im Pflegamt des Hospitals zum Heiligen Geist gewesen sein. Im „Verwaltungsbericht für 1940 Hospital zum Heiligen Geist", der sich in einer Akte Müllers befindet, steht: „Am Beginn des Rechnungsjahres war die Hauptanstalt belegt mit 263 Insassen[,] Zugang 192 [Insassen,] Entlassen 74 [Insassen,] Verstorben 66 [Insassen]".[71] Es ist von daher wahrscheinlich, daß Müller auch von späteren Todesraten Kenntnis bekam. Zudem wird

---

[68] Zitate siehe MA 5.587, Bauamt, vom 10.05.1939, [für „Monatsbericht" April 1939], (S. 1, 4f.)
[69] Zitate und Nachweise siehe Tüffers, Magistrat, S. 319.
[70] Siehe MA 4.053, Bl. 38, 40; vgl. Sandner, Verwaltung, S. 485 – Anm. 303, S. 596 – Anm. 262.
[71] Stadtwerke 455, Bericht, Bl. 2.

Müller beim Hospital zum Heiligen Geist sowie in der Klinik Höchst von zahlreichen Zwangssterilisationen erfahren haben.[72]

Die Bandbreite von Müllers Beteiligung am NS-Unrecht zeigt sich auch in den Aufsichtsratsmandaten, die ihm als hauptamtlichen Stadtrat übertragen worden waren:[73] Zu den Aufgaben eines Dezernenten in Frankfurt gehört die Wahrnehmung von Aufsichtsratmandaten. Müller war zum Beispiel Vorsitzender im Aufsichtsrat der Aktienbaugesellschaft für kleine Wohnungen. Diese Wohnungsbaugesellschaft hatte unmittelbar nach dem Novemberpogrom Mietverhältnisse mit jüdischen Mietern beendet. Müller informierte den NS-Oberbürgermeister Krebs: „In Übereinstimmung mit Ihrer Anordnung haben wir am 10. November 1938 allen noch bei uns wohnenden Juden .. gemäß der Anlage gekündigt." Als Anlage hatte Müller das Schreiben an die Mieter beigelegt. Darin wurde allein als Grund für die Kündigung erklärt: „Die Ereignisse der letzten Tage geben uns Veranlassung ..." Man erwartete sogar von den Mietern ein Aussage, wann der Zeitpunkt ihres Auszugs sein werde. Bis zum Monatsende hatten sie die Wohnung zu räumen. Müller fragte zugleich den NS-Oberbürgermeister, wie am besten mit sog. Halbjuden sowie ausländischen Juden zu verfahren sei:[74] Diese sollten dazu gebracht werden auszuziehen, oder es sollte ihnen mit der gesetzlichen Frist gekündigt werden. Folglich war Müller in außerordentliche Kündigungen bei der ersten Gruppe involviert. Anscheinend aber gab es dafür keine rechtliche Grundlage, denn sie wäre ansonsten in den Kündigungsschreiben sicherlich genannt worden. Somit stützte sich der promovierte Jurist Müller allein auf eine Anordnung des NS-Oberbürgermeisters, die er vielleicht selbst angestoßen hatte; wissentlich und willentlich hat demnach Müller hier gegen alle Gesetze und Vorschriften verstoßen, die im Rahmen dieser Mietverhältnisse die Mieter schützten.

---

[72] Auf wiederholte explorative Anfragen haben beide Einrichtungen nicht valide geantwortet. In „der Klinik Höchst wurden 125 Zwangssterilisationen vorgenommen", und im „Heilig Geist Hospital wurden 300 Personen aus Frankfurt zwangssterilisiert", Alexandra Lutz, ISG, Schreiben vom 08.05.2019, an die der Dank geht wie auch an Wolfgang Form, Internationales Forschungs- und Dokumentationszentrum Kriegsverbrecherprozesse, Philipps-Universität Marburg, welche in der hessischen Datenbank zu Erbgesundheitsgerichten recherchiert haben.
[73] Er war im Vorstand der Stadtsparkasse, aus dem er bei Kriegsende entlassen wurde, siehe PA 65.185, Bl. 190.
[74] Zitate und Nachweise siehe Stadtwerke 478, vom 15.11.1938.

Müller hatte, um in Frankfurt für Wohnungen sorgen, Anfang Februar 1939 in einem Vermerk an Krebs über die „Sonderentwicklung durch die Judenabwanderung" geschrieben, die „sich allerdings schon seit dem Umbruch" vollziehe. Müller ging damals davon aus, daß ein Teil des Wohnungsbedarfs „für die nächsten 15 Jahre ... durch die freiwerdenden Judenwohnungen" gedeckt werde, da „mit der Auswanderung sehr vieler Juden zu rechnen ist".[75] Mit diesem Antisemitismus paßte Müller in die NS-Zeit. Am 31. März 1941 kündigte der NS-Oberbürgermeister die Deportation von 10.000 Frankfurter Juden an, als in einer Ratsherrensitzung die Wohnungsfrage besprochen wurde. Krebs sagte: „´Wenn wir berücksichtigen, daß noch etwa 10.000 Juden evakuiert werden und dadurch noch sehr viel Wohnraum zur Verfügung stehen wird ..., dann brauchen wir Ihnen nicht ein aufgeblähtes Siedlungsprogramm vorzulegen. Also auch diese Fragen sind schon erkannt und in Angriff genommen worden.´"[76] Müller war anwesend. Dieser Vorschlag war die krasse Fortsetzung seines Ausblicks von 1939. Die Deportationen begannen am 19. Oktober 1941. Im Sachzusammenhang der genannten Beratung kam Müller in Kontakt mit dem Sozialreformer Wilhelm Polligkeit, der bei den Nationalsozialisten gute Möglichkeiten sah, eigene Vorstellungen zu verwirklichen, die unter rechtstaatlichen Bedingungen inakzeptabel waren. Polligkeits radikale sozialplanerischen Vorstellungen stehen auch in Verbindung[77] zu den Deportationen. In dem Kontext gab Polligkeit als ein inhumanes Ordnungsziel an, „einzelstehenden Frauen"[78] - später waren es alte Menschen[79] - ihre (großen) Wohnungen wegzunehmen und sie jungen

---

[75] Zitate siehe Müller, Wohnungsbautätigkeit, S. 5, Ergänzung, S. 3.

[76] MA Nachtrag 148, Bl. 1, und Bl. 100(rot) / 75(schwarz).

[77] Siehe MA Nachtrag 148, Bl. 1, und Bl. 99(rot) / 74(schwarz); Krebs nannte dabei zweimal den Namen Polligkeit. Polligkeit hatte „am 11. März 1941 seinen ehemaligen Referenten im Deutschen Verein ... Prestel vom Fürsorgeamt Frankfurt um Informationen" gebeten. „Auch weiterhin sorgt [Polligkeit, GSt.] dafür, dass seine Arbeit bekannt wird. Am 20. März 1941 findet ein Gespräch zwischen OB Krebs, Prestel und Polligkeit über die Arbeit der Arbeitsgemeinschaft für soziale Volkskunde ... statt", Stein, Verwissenschaftlichung, S. 224f. Polligkeit war sehr wahrscheinlich kein NSDAP-Mitglied, siehe dennoch Herd/Sell, Wegscheide, S. 45. Zu Polligkeit siehe Stemmler, Polligkeit, und zu Prestel auch Stemmler, Prestel.

[78] Siehe MA Nachtrag 148, Bl. 1, und Bl. 100(rot) / 75(schwarz).

[79] Die Zwangsvertreibung alter Leute aus ihren Wohnungen wurde unter anderem vom Berliner Ministerialdirektor Augustin kritisiert. „Nach Augustin ginge selbst

Familien zu geben. Polligkeit untersuchte dafür den „Altersaufbau der Wohnungen der Aktienbaugesellschaft": „Ende Juni 1942 fasst Stadtrat Müller die Ergebnisse von Polligkeits Untersuchungen zusammen und hebt den Unterschied zu liberalen Vorstellungen hervor, nach der jeder sich die Wohnung suchen konnte, die er sich finanziell leisten konnte. Polligkeit setzte sich für eine Lenkung in der Weise ein, dass ältere Leute veranlasst werden müssten, ihre Wohnungen an jüngere, größer werdende Familien abzugeben. Müller hielt Polligkeits ´Vorschläge gerade für die Zeit nach Kriegsende für zweifellos wichtig´."[80]

Die städtischen Unternehmen nutzten Zwangsarbeiter aus. Müller saß unter anderem im Aufsichtsrat der Nassauischen Heimstätte, für die Zwangsarbeiter tätig waren.[81] Müller hat sich zur Lage in der sog. „Stunde Null" diesbezüglich geäußert: in den Werken der Versorgungsunternehmen sei „fast durchweg mit polnischen und russischen Kriegsgefangenen gearbeitet"[82] worden. Es ist ohne Zweifel davon auszugehen, daß er dies zuvor gewußt hat.[83]

Zu Müllers NS-Aktivität gehörte die Kenntnis des Protokolls zur Besichtigung des Schullandheims Wegscheide vom 8. Dezember 1941. Die gleichnamige Stiftung verfügte nicht mehr über ihr Kinderdorf, weil es für die Unterbringung von Zwangsarbeitern genutzt wurde. Im Protokoll beschrieb unter anderem Dr. Bardorff die unmenschlichen Lagerbedingungen: Etwa „3000 Russen" waren dort zusammengepfercht

---

der Führererlass von freiwilligen Wegen aus", siehe Stein, Verwissenschaftlichung, S. 231.

[80] Stein, Verwissenschaftlichung, S. 230.

[81] Siehe Drummer/Zwilling, Raum, S. 68 – Anm. 99, 64; siehe MA 6.463, vom 17.01.1945.

[82] Nachlaß S1/25, Nr. 3, Bl. 42; Bauer/Maier, Impulse, S. 291 – Anm. 236.

[83] Zu Zwangsarbeitern eines sog. „Arbeitserziehungslagers" wurde berichtet: „Ab 1942 wurden täglich Strafgefangene zum Gaswerk geführt. Dort mußten sie die Kokshaufen bewegen", so ein Zuhörer in der Ortsbeiratssitzung (zu Heddernheim) am 03.03.1983, siehe Wehe, Arbeitserziehungslager, S. 91. „Während des Krieges waren etwa 25.000 Fremd- und Zwangsarbeiter sowie Kriegsgefangene ständig in Frankfurt am Main zur Arbeit eingesetzt." Hinzu kamen über 49.000 einschlägige Eintragungen in den nur teilweise überlieferten Hausstandsbüchern, siehe Becht, Stadt.

worden, weshalb sie „einen erbärmlichen Eindruck" machten. Beispielsweise waren „die Fester mit Stacheldraht eng vernagelt"[84] worden.

Ein hauptamtlicher Stadtrat hat in Frankfurt am Main vielfältige Verpflichtungen, die über den Besuch von Sitzungen städtischer Gremien und das Aktenstudium hinausgehen: Die politischen Verflechtungen wie auch die Bürgergesellschaft bedingen manchen Termin. Das läßt sich auch in der NS-Zeit erkennen. In diesem Sinne war Müller ebenfalls mit dem NS-Staat verbunden. Er gehörte zur Frankfurter Gesellschaft für Handel, Industrie und Wissenschaft und hat dort sogar am 6. März 1935 einen Vortrag mit dem bezeichnenden Titel „Staat und Stadt im neuen Reich" gehalten.[85] Ein weiteres Beispiel für solche Zusammentreffen mit NS-Größen war eine Besprechung mit Mitgliedern des engeren Ausschusses der Polytechnischen Gesellschaft 1936 unter Anwesenheit des Gauleiters.[86]

Müller wird in Intrigen und Denunziationen verwickelt gewesen sein. Darauf läßt auch folgende Notiz von ihm schließen: „Ich habe Herrn OBM von den Aeusserungen Dr.v.Mumm's (Niemeyer und Boehm) berichtet[,] ... damit den Beleidigten ein Vorgehen ermöglicht wird."[87]

Erstaunlich und möglicherweise vielsagend ist, daß Müller am 5. Dezember 1944 ein Waffenschein zugebilligt wurde; dieser war „nur für den Gebrauch im Dienst der Stadtverwaltung erteilt worden".[88] Es drängt sich sofort die Frage auf, wo Müller im Dienst so gefährdet war oder erschien, daß man es als gerechtfertigt ansah, ihm die Möglichkeit zu geben, sich selbst mit der Waffe in der Hand zu verteidigen? Oder dachte man an Situationen, in denen er als Stadtrat dienstlich mittels Waffe für Sicherheit und Ordnung sorgen sollte? Damals gehörten zu Müllers Aufgaben auch „allgemeine

---

[84] Zitate und Nachweise siehe Stadt Frankfurt am Main, Rechtsamt, Handakte. Aber in seinem Buch zur Geschichte der Frankfurter Stiftungen ist abmildernd nur die Rede, daß die Heeresverwaltung Gebäude „für ein Gefangenenlager in Anspruch" genommen habe, so Müller/Schembs, Stiftungen, S. 165, zuvor in Müller, Stiftungen, S. 140 fast wortgleich, nur hier im Perfekt formuliert. Zur Gründung der Wegscheide-Stiftung siehe Kapitel 5.3.
[85] Siehe Roth, Jahre [Bd. 2, CD, Mitgliederliste; Vorträge].
[86] Siehe PA 65.185, Bl. 203.
[87] Stadtwerke 03.07.1937, an „22".
[88] PA 65.186, Bl. 100, vom 05.12.1944.

Polizeiangelegenheiten und die Wohnungs- und Obdachlosenpolizei im Bereich des Bezirksamts Höchst".[89] Die Obdachlosenpolizei betrieb unter anderem die Zwangsräumung von Juden aus ihren Wohnungen, um Ausgebombte darin unterzubringen.[90] Außerdem kam zum 1. April 1939 „eine eigene, dreißigköpfige, städtische Vollzugspolizei" hinzu", wofür das Stadtgebiet „in fünf Bezirke … und Höchst eingeteilt worden" war.[91]

Als Ghettohaus und temporäre Unterkunft für Zwangsarbeiterinnen wurde das Haus Sandweg 7 genutzt. Unmittelbar nach dem Ende der NS-Herrschaft in Frankfurt unterzeichnete Müller einen Vermerk des Baumamtes, in dem das Amt diese Nutzung - offenkundig wider besseren Wissens - verschleierte: „Nach den vorhandenen Einrichtungsgegenständen und Betten scheint es seither von der HJ benutzt worden zu sein."[92] Dies war eine Reaktion auf die Entscheidung des amtierenden Bürgermeisters, das Haus der jüdischen Gemeinde zurückzugeben und instandsetzen zu lassen.

Der Krieg beeinflußte unmittelbar die beruflichen Aufgaben von Müller: zum Beispiel hat er am 3. September 1942 gegenüber den Gemeinderäten zusammen mit dem NS-Oberbürgermeister „über die Kriegsmaßnahmen der Stadt"[93] berichtet.

Kurz vor Kriegsende ist Müller im März 1945 noch an Beratungen zu Forschungsmaßnahmen Wilhelm Polligkeits zur Wohnungspolitik beteiligt, der mit seinem Soziographischen Institut zur 1944 gebildeten Wehrforschungsgemeinschaft gehörte; Gauleiter Sprenger hatte sich vom Soziographischen Institut beeindruckt gezeigt.[94]

---

[89] Tüffers, Magistrat, S. 181 - Anm. 447. Hinweise auf die Verwendung seiner Dienstwaffe fehlen bisher.
[90] Michael Fleiter danken wir für den Hinweis.
[91] Zitate siehe ISG, Webseite, Stadtchronik, [Stand: 16.10.2018].
[92] MA 5.800, Bl. 105 vom 25.04.1945; siehe Stemmler, Schuld, S. 57.
[93] ISG, Webseite, Stadtchronik, [Stand: 17.10.2018].
[94] Siehe Eckhardt, Einrichtungen, S. 150-152.

5. NS-Verbrechen an Stiftungen

5.1. Allgemeine Entwicklung

Müller leitete die 1933/34 neu geschaffene Stiftungsabteilung.[95] Die Stiftungsabteilung war bei der Auslöschung jüdischer Stiftungen „federführend beteiligt".[96] Von Frankfurter Seite wurde vor allem nach dem Zweiten Weltkrieg die Kompetenz der Stiftungsabteilung über lange Zeit relativ weitgehend interpretiert. Dafür spricht auch die spätere Bezeichnung als „Stiftungsaufsicht". Dabei ergibt sich der Eindruck, daß 1938 nur die bereits seit 1933/34 übliche Praxis einer Finanzkontrolle von staatlicher Seite institutionalisiert worden sei.[97] Es ging also nicht um Genehmigungen, die nämlich weiterhin beim Regierungspräsidenten verblieben, und damit nicht um eine positive Gestaltung des Stiftungswesens.

In einem Grundsatzbeitrag in der Publikation des Deutschen Gemeindetages „Der Gemeindetag. Zeitschrift für deutsche Gemeindepolitik" äußerte sich Müller bezeichnend zur „Staatsaufsicht über Stiftungen" schon 1934. In seinen Eingangsworten stellte er die Arbeit vor, die er sich für die nächsten Jahre vorgenommen hatte:
„Der Gedanke des ´totalen Staates´ verlangt, daß der Staat seine Macht nicht nur den natürlichen Personen gegenüber ausübt, sondern auch für die juristischen Personen seinen Macht- und Herrschaftsanspruch durchzusetzen vermag.
Das Zeitalter des Liberalismus hat eine Reihe von juristischen Personen, namentlich privaten Rechts, im allgemeinen dann von der Staatsaufsicht befreit, wenn diese nach bestimmten Normativbestimmungen gegründet

---

[95] Zugleich war Müller selbst in Frankfurter Stiftungen aktiv; so bestimmte der NS-Oberbürgermeister 1938 „Stadtrat Bruno Müller zum stellvertretenden Leiter des …St. Katharinen- und Weißfrauenstifts", siehe Bauer, St. Katharinen- und Weißfrauenstift.

[96] Zwilling, Jutta, „Umgestellt auf deutsche Volksgenossen". Vortrag zur Frankfurter Stiftungsgeschichte im ISG am 18.01.2016; der Vortrag verdient veröffentlicht zu werden.

[97] Siehe MA P 19, Amtsleiterbesprechung Nr. 152, vom 14.05.1934, 3, „f) laufende Ueberwachung der Stiftungen bezüglich der Verwendung ihrer Erträge, g) Uebermittlung etwaiger Vorschläge zur Verwendung von Stiftungserträgen, h) Prüfung im städtischen Interesse, ob für bestimmte, jeweils auftauchende Zwecke bei einer Stiftung Mittel zur Verfügung stehen".

wurden. Dies gilt z. B. von Vereinen, Gesellschaften des Handelsrechts, Genossenschaften usw. ... Bei Stiftungen ist dieses System der Normativbestimmungen von vornherein nicht anwendbar gewesen. Es ist anerkanntes Recht, daß selbständige Stiftungen nur mit staatlicher Genehmigung entstehen können ... und daß sie auch während ihrer Tätigkeit laufend der Staatsaufsicht unterstehen ..."

Müller warf nun Stiftungen aufgrund einer eigenen Untersuchung vor, während der Weimarer Zeit „in einer ganzen Reihe von Fällen entweder die Stiftungsbestimmungen für die Verwendung der Beträge nicht voll beachtet" zu haben, „oder daß der Vorstand nicht ordnungsgemäß zusammengesetzt war oder daß die vorgesehene Rechnungslegung nicht durchgeführt wurde oder daß endlich sogar Unredlichkeiten in der Stiftungsverwaltung vorgekommen sind". „Aus diesem Anlaß ergab sich die Frage, welche Möglichkeiten sich dem Staat bieten, um bei derartigen Stiftungen durchzugreifen und für eine ordnungsgemäße und saubere Verwaltung zu sorgen." Müller beschrieb hier schon 1934 drastische Vorgehensweisen, wenn zum Beispiel eine Stiftung bei der Mittelverwendung die Bestimmungen „nicht voll beachtet" habe; er selbst hat (später) solche Bestimmungen schamlos mißachtet. Er ging schließlich unter anderem auf „Beanstandungen" ein wie auch auf die Frage: „Was geschiehet, wenn keine Entlastung erteilt wird?" Seine Antwort: „Abhilfe ist nur in der Weise möglich, daß der nicht entlastete Vorstand entlassen und ein anderer Vorstand an seine Stelle gesetzt wird". Dann fragte er: „Kann der Vorstand vorzeitig entlassen werden?" Gemeint ist anscheinend der nicht entlastete Vorstand: „Er kann jedenfalls nicht vorzeitig entlassen werden durch eine Willenserklärung der Stiftung, die ja über kein anderes Organ verfügt. Es muß aber angenommen werden, daß die Aufsichtsbehörde eine solche Entlassung aussprechen kann, da ihr ... allgemein die Befugnis zusteht, ´die vorgefundenen Mißbräuche und Mängel zu verbessern´. ... Es muß daher angenommen werden, daß der Staat auch die Vorstandsmitglieder, ... die den Stiftungssatzungen zuwiderhandeln oder die sich in ihrer Tätigkeit gegen staatliche Bestimmungen vergehen, vorzeitig entlassen kann. Diese einschneidende Befugnis wird aber nicht die Aufsichtsbehörde (zB eine Gemeindeverwaltung), sondern nur der Regierungspräsident als ´Oberaufsichtsbehörde´ ausüben können." Müller sah sich hier schon als Aufsichtsbehörde, die er nicht war; auch 1938 wurde die Stadt de facto nur eine beschränkte Stiftungsaufsicht bezogen auf deren Finanzen zuerkannt.

Zugleich ist sein Argumentationsstil bezeichnend: „es muß angenommen werden …" Und die Verfehlungen, die eine Entlassung des Stiftungsvorstandes erlauben, sind bei ihm ziemlich unbestimmt: „gegen staatliche Bestimmungen vergehen". Nun fragte er: „Wer setzt neue Vorstandsmitglieder ein?" Und antwortete bezogen auf eine Angabe in der Satzung: „Wenn nötig, wird auch diese Stelle zur Besetzung der durch Zwangsmaßnahmen des Regierungspräsidenten freigewordenen Vorstandssitze anzugehen sein." Sofern eine solche Bestimmung fehlt, dürfe nicht der Vorstand selbst diese Sitze besetzen. Für Müller sollte „das zuständige Amtsgericht .. auf Antrag eines Beteiligten (und das kann die Aufsichtsbehörde sein) die erforderlichen Vorstandsmitglieder einsetzen."[98]
1934 hatte Müller also schon klare Vorstellungen entwickelt[99] und diese reichsweit den Städten unterbreitet, wie Stiftungen zu übernehmen seien; er hat später offenkundig nur nicht den Weg über Amtsgerichte wählen können, sondern es war die Aufsichtsbehörde für Frankfurter Stiftungen - also der Regierungspräsident in Wiesbaden - auch bei Neubesetzungen von Vorständen und Enteignungen mit Zuordnungen von Stiftungsmitteln entscheidend.

Müller berichtete anscheinend ständig dem NS-Oberbürgermeister über Stiftungsangelegenheiten. Und er fuhr über die Jahre immer wieder nach Wiesbaden zu Besprechungen, so am 14. April 1934 „bei dem Bearbeiter für Stiftungsangelegenheiten (Oberinspektor Schulz)"; oder es wurde wie am 11. September 1939 „mit Herrn Oberreg.Rat Moritz die Frage verschiedener Stiftungen besprochen".[100]

1936 nahmen Müller und der NS-Oberbürgermeister Einfluß auf jüdische Stiftungen und wollten, daß bei ihnen „Zuwendungen bis zu 1/3 an jüdische Kreise nicht beanstandet werden, sofern nicht die Satzung ein bestimmtes Verhältnis vorschreibt."[101] Im Umkehrschluß bedeutet dies, sie zielten auf eine Mitgestaltung bei der Verwendung von 2/3 der Beträge ab.

---

[98] Zitate siehe Müller, Staatsaufsicht, S. 417, 421.
[99] Darauf verweist auch die „Sitzung der Gemeinderäte: Neuordnung des Stiftungswesens" am 23.05.1934, ISG, Webseite, Stadtchronik, [Stand: 18.10.2018].
[100] Zitate siehe MA 5.328.
[101] Stadtwerke 493, vom 24.06.1936.

Bei der Beratung über eine neue „Verwaltungssatzung für die öffentlichen milden Stiftungen" im Juni 1937 legte Müller Wert darauf, daß man bei der Auswahl „der Stiftungsleiter ohnehin an die für die Stiftungen bestehenden Sondervorschriften, insbesondere wegen der Religionszugehörigkeit der Bewerber gebunden ist",[102] sprich, Müller wollte den Ausschluß aller sog. Nichtarier.

Die städtische Stiftungsabteilung prüfte scharf Frankfurter Stiftungen und erhöhte nach dem 9. November 1938 den Druck auf jüdische Stiftungsvorstände. Vor allem die paritätischen, d.h. bestimmte interkonfessionelle Stiftungen wurden von Maßnahmen der Stiftungsabteilung getroffen. Dazu zählte die „erzwungene Neubesetzung von Stiftungsvorständen, Umwidmungen von Stiftungszwecken, Tilgung von Stifternamen und Eingliederung in bestehende ʹnicht jüdischeʹ Institutionen."[103] Die Stiftungsabteilung unterstützte die Gestapo durch Informationen.

Es zeigt sich am folgenden Beispiel, welch starken Druck Müller bereit war auszuüben und was er ggf. mit einer Stiftung tat, die ihm nicht zu Willen war: Müller wollte nach dem Novemberpogrom die Aktivität der David und Emma Höchberg Stiftung verlagern. Sie sollte nicht mehr Schüler fördern, sondern sich „ʹzu Gunsten der jüdischen Auswandererfürsorgeʹ" engagieren. Der Stiftungsvorstand lehnte dies ab. Müller reagierte massiv: er „zeigte … die Stiftung bei der Gestapo an." Und er erklärte: „ʹGegen eine etwaige Eingliederung in die Reichsvereinigung ... hätte ich nichts einzuwenden.ʹ Das war der Grund, warum die Stiftung am 28. Oktober 1940 aufgelöst" wurde.[104] Während es wohl im Regelfall Müllers Ziel war, das Geld der Stiftungen zugunsten der Stadt Frankfurt und der ihr angeschlossenen Stiftungen einzutreiben, hatte er hierbei hingegen die Tür in Richtung Gestapo geöffnet.

---

[102] Stadtwerke 493, vom 10.06.1937.
[103] Priepke/Görner, Stiftungen, S. 6. Vgl. dazu z. B. Müllers tatsachenwidrige Beschönigung in Müller, Studienstiftung, S. 91f.
[104] Zitate und Nachweise Roth, Aufstieg, S. 134; Stiftungsabteilung 201, Bl. 16-33, der Dank geht an Ralf Roth für diese Information. Müller bezeichnete sie anscheinend fehlerhaft als „ʹDavid und Emanuel Höchberg Stiftungʹ".

Die „´Reichsvereinigung der Juden in Deutschland´ ... war eine durch die Nazi-Regierung geschaffene Zwangsorganisation aller Juden ... mit weitgehenden zentralistischen Befugnissen und unter Aufsicht des Ministeriums des Innern, dessen ausführende Stelle die Gestapo´"[105] war. Sie wurde „im Jahre 1943 aufgelöst, das angesammelte Vermögen konfisziert und als Kriegsausgabe verpulvert."[106]

„Im Dezember 1936 wurden im Deutschen Reich alle Fürsorge-Stiftungen, die ´nicht ausschließlich deutschen Volksgenossen´ zugute kamen, steuerpflichtig. ... In Frankfurt versuchten wenige Monate später die Leiter von Stiftungsabteilung, Fürsorgeamt und Kulturamt gemeinsam, den Vorständen der großen interkonfessionellen Stiftungen die Zustimmung zur Aufspaltung in einen ´arischen´ und einen ´jüdischen´ Teil abzupressen. Dieses Ansinnen lehnten deren Vertreter als Verstoß gegen den Geist der jüdischen Stifter jedoch ab."[107] Als Müller „mit den Vorständen gemischter Stiftungen" verhandelte, um die Stiftungen in jeweils eine jüdische und eine nichtjüdische Nachfolgestiftung aufzuspalten, war es ein Ziel von ihm, daß dies entsprechend den Bevölkerungsanteilen geschehen sollte. Das wäre zu Lasten des jüdischen Anteils gegangen.[108] Müller wartete nicht eine Entscheidung durch den Regierungspräsidenten ab, sondern sorgte dafür, daß in „einigen Fällen ... durch Ausübung von Druck … schon entsprechende Fakten geschaffen"[109] wurden. Bei dem Frankfurter Vorgehen war sogar der „Stellvertreter des Führers"[110] eingeschaltet worden.

Im Juli 1937 gibt Müllers Beurteilung zu einer neuen Rechtslage Einblick in sein konkretes Ziel: „Der seit langem erwartete Erlass des Reichsministers .. des Innern betr. die jüdischen und die gemischten Stiftungen ist vor wenigen Tagen mit den Ausführungsbestimmungen des Herrn Regierungspräsidenten zugegangen. Damit tritt eine wesentliche Arbeitsentfaltung bei der Stiftungsabteilung ein. Durch den Erlass .. [ist, GSt.] die endgültige

---

[105] Ludwig/Schilde, Mäzenatentum, S. 22.
[106] Roth, Aufstieg, S. 134.
[107] Kingreen, Stadtverwaltung, S. 244; siehe auch Gruner, Wohlfahrt, S. 86 - Anm. 91; vgl. zu „geänderten Bestimmungen des Steueranpassungsgesetzes" Stadtwerke 493, vom 12.04.1937.
[108] Siehe Dokumente, Geschichte, S. 123.
[109] Gruner, Wohlfahrt, S. 209.
[110] Stadtwerke 493, vom 26.05.1937; siehe auch ebenda, vom 29.05.1937.

Bereinigung des jüdischen Stiftungswesens möglich. Dass wir mit den seither hier getroffenen Massnahmen auf dem richtigen Weg waren, wird durch die Richtlinien bestätigt."[111] Der vorletzte Satz zeigt sein Ziel, nämlich „die endgültige Bereinigung des jüdischen Stiftungswesens", was seine euphemistische Variante dieser aufgabenspezifische Frankfurter Vorgehensweise war: die Auslöschung des jüdischen Stiftungswesens. Und dabei sei man, so Müller, „auf dem richtigen Weg". Aus dem letzten Satz wird deutlich, daß Müller selbständig gehandelt und nicht auf Direktiven von oben gewartet hatte. Es ist gut möglich, daß seine lokale Aktivität nicht nur Anregung, sondern auch Vorbild für das Handeln des Reiches gewesen war. „Ende 1937 hatte die Stiftungsabteilung mit Hilfe fingierter Rechtskonstruktionen illegalerweise 'durch Auflösung oder Satzungsveränderungen' kleinere 'Stiftungen jüdischer Herkunft' bereits 'auf deutsche Volksgenossen' übertragen."[112]

Deutlich wird Müllers Intention auch bei seinen Aussagen gegenüber Vorständen gemischter Stiftungen, als es um die Schenkungssteuer im Falle der Zusammenlegung von Stiftungen ging. Er schlug als „Lösung" vor, statt dessen die „Teilmengen auf städtische unselbständige Stiftungen"[113] zu transferieren. Teilweise war die Stadt dabei erfolgreich[114] (vermutlich unterstützt vom Regierungspräsidenten), teilweise zog sie gegen die Gestapo den kürzeren, womit die Reichsvereinigung Nutznießer wurde.[115]

---

[111] MA 5.588, Rechtsamt, vom 03.07.1939.

[112] Kingreen, Stadtverwaltung, S. 244.

[113] Dokumente, Geschichte, S. 124.

[114] „Durch vielfältige Initiativen und Aktivitäten nutzte die nationalsozialistische Stadtverwaltung eigenständig Möglichkeiten zur Aneignung des Besitzes ... jüdischer Frankfurter Bürger in Konkurrenz zu NS-Organisationen ... und wusste dabei ihren Aktivitätsradius ständig zu erweitern. Initiativen des akademischen Führungspersonals ... erwiesen sich, bei ständig erweiterten Handlungsspielräumen, häufig als entscheidend für die städtischen Tätigkeiten", so Kingreen, Stadtverwaltung, S. 242.

[115] Ca. 75 Frankfurter jüdische Stiftungen wurden der Reichsvereinigung zugeschlagen, so Jutta Zwilling im Vortrag „Umgestellt auf deutsche Volksgenossen" von 18.01.2016; siehe auch MA P 217, Müller, vom 05.11.1940, Bl. 4: „Bisher sind 43 Judenstiftungen mit einem Vermögen von 5,8 Millionen RM in die Reichsvereinigung der Juden in Deutschland eingegliedert worden."

„Da sie sich einem massiven Druck der Stadtverwaltung zur ´Arisierung´ von Stiftungen … ausgesetzt sahen, fanden sich die Vertreter der Jüdischen Gemeinde schließlich im Januar 1938 bereit, einen Vergleich zu schließen. … Dieses erpresste ´Entgegenkommen´ widersprach ebenfalls allen geltenden Gesetzen. ... Müller [ging, GSt.] noch einen Schritt weiter und bot … [statt 50%, GSt.] lediglich noch 25% an. Der greise Justizrat Dr. Julius Blau ... lehnte dies als extreme Ausplünderung ab.“[116]

„Die Aktivitäten des Stiftungsexperten Müller zur Veränderung der Rechtsgrundlage der paritätischen Stiftungen zeigten Wirkung. Im März 1938 konnte er dem NS-Oberbürgermeister mitteilen: ´Die Regierung ist erst durch die zahlreichen von hier ausgelösten Anträge ... auf die Bedeutung des Stiftungswesens allgemein aufmerksam gemacht worden.´“.[117] Im August 1938 stellte Krebs gegenüber dem Deutschen Gemeindetag fest: „Seit ungefähr 2 Jahren ist die Stadt Frankfurt am Main bemüht, eine Klärung der Lage und eine Regelung der künftigen Gestaltung der jüdischen Stiftungen herbeizuführen. Die Regelung hierüber steht noch immer aus.“[118] Bei diesem Bemühen muß Müller mindestens im Hintergrund mitgewirkt haben.

Und es ging weiter: „Die gesetzlichen Regelungen des Reichsinnenministeriums vom Mai 1939 schließlich schlossen Juden als Nutzer von Stiftungen aus. So fanden die städtischen Initiativen aus Frankfurt zur antisemitischen Auslegung des Stiftungsrechtes reichsweit ihren Niederschlag.“[119] Es wurden teilweise umfangreiche Stiftungsvermögen „unter Verletzung der Stiftungszwecke sukzessive auf die Stadt oder andere Körperschaften“[120] übertragen.
Bei Maßnahmen zur Steuervermeidung in bezug auf Stiftungen 1939 wollte Müller dies „nur für deutsche Volksgenossen“.[121]

---

[116] Kingreen, Stadtverwaltung, S. 244; siehe ebenda, S. 24f.: „Zur Aufteilung dieser Stiftungen erklärte Krebs, ´wenn sonst keine Möglichkeit besteht, die Erträge für arische Bewerber zu sichern.´“
[117] Kingreen, Politik, S. 229; siehe das Zitat auch in Kingreen, Raubzüge, S. 22, sowie in Kingreen, Stadtverwaltung, S. 247.
[118] LA Berlin, B Rep. 142-07 Nr. 1-2-6/2, Bd. 2, vom 15.08.1938.
[119] Kingreen, Politik, S. 233; siehe auch Kingreen, Stadtverwaltung, S. 249.
[120] Drummer, Wahren, S. 211.
[121] MA-Nachtrag 122, Bl. 19.

Beispielhaft zeigt sich Müllers antisemitische Aktivität, wie sie nach dem Pogrom möglich geworden war, als er selbst stolz Bilanz zog: „Die Ereignisse der letzten Wochen führten hinsichtlich der jüdischen und der gemischten Stiftungen zu einer Fülle von Sonderarbeiten und zeitraubenden Feststellungen. Das Ergebnis unserer Ermittlungen fand seinen Niederschlag in dem mit Begleitbericht vom 28.11. vorgelegten Antrag an den Herrn Regierungspräsidenten in Wiesbaden betreffend die Regelung der jüdischen und gemischten Stiftungen. Aus der diesem Antrag beigefügten Zusammenstellung ergibt sich, dass in Frankfurt a.M. noch 26 Stiftungen bestehen, die nach der Satzung sowohl Christen als auch Juden zu betreuen haben. Von ihnen entfallen 14 auf Stiftungen, deren Vorstände mit Juden durchsetzt sind, während weitere 12 Stiftungen einen rein jüdisch zusammengesetzten Vorstand haben, aber nach der Satzung verpflichtet sind, auch Juden zu betreuen.

Die Durchführung der Stiftungsaufsicht durch die Stadtverwaltung hat auch zu der Feststellung geführt, dass wohl von keiner der Stiftungen, die ausschliesslich von Juden verwaltet werden, in der letzten Zeit Christen betreut wurden. Zum Teil liegt dies allerdings daran, dass geeignete Verwandte der Stifter vorhanden sind, die Vorzugsrechte geniessen.

Bei den Vorgängen Mitte des Monats sind bei der Zerstörung der Arbeitsstätten verschiedener jüdischer Anwälte auch Stiftungsakten untergegangen. Es ist daher sehr wertvoll, dass durch unsere vorhergegangene Erfassung der Stiftungen in den meisten Fällen die Unterlagen im wesentlichsten wenigstens zusammengetragen und festgehalten werden konnten.

Auch in wirtschaftlicher Hinsicht dürfte sich die von der Stadt übernommene Mehrarbeit, die die Uebernahme der Aufsicht und Prüfung der jüdischen Stiftungen gebracht hat, insofern bereits lohnen, als wir auf Grund unserer Akten dem Fürsorgeamt geeignete Unterlagen darüber geben können, was an Stiftungsmitteln für die allgemeine jüdische Fürsorge herangezogen werden kann."[122]

In diesem Vermerk vom 3. Dezember 1938 hört man nicht den Rechtsdezernenten, sondern einen skrupellosen Pragmatiker, der das Ziel verfolgte, finanziell möglichst viel für seinen Arbeitgeber zu erreichen. Praktische Bedenken werden kurz angeschnitten, rechtliche nicht. Müllers

---

[122] MA 5.587, Rechtsamt, vom 03.12.1938. Zur Prüfung von Stiftungen 1937 siehe Müller, Prüfung, S. 17.

Wortwahl verrät ihn: „in wirtschaftlicher Hinsicht" und „lohnen". In seinem Fazit zeigte er sein wahres Gesicht, indem er feststellte: „was an Stiftungsmitteln für die allgemeine jüdische Fürsorge herangezogen werden kann". Der Leiter der städtischen Stiftungsabteilung im Rechtsamt beaufsichtigte und schützte nicht diese Stiftungen, sondern nutzte die Verfolgungen des 9. Novembers, um unter Mißachtung von Stiftungszwecken sowie von weiteren Rechtsgütern Stiftungen auszurauben zum Wohle seines Dienstherrn.

Müller sprach hier Klartext. Das Motiv von „Krebs, Müller & Co." war der Schutz der Finanzen der Stadt. Die Begleichung der Kosten der Sozialhilfe für Juden sollte nicht mehr aus dem Stadtsäckel geschehen, sondern durch Stiftungsgelder erfolgen. Dabei waren viele resp. wohl die meisten Juden erst durch das NS-Unrecht in finanzielle Not geraten. Die NS-Stadtregierung entledigte sich somit „der staatlichen Fürsorgepflicht" und wälzte die Ausgaben „auf ein separates jüdisches Wohlfahrtssystem"[123] ab.

Die Wahrung des Stiftungszwecks war auch im Februar 1939 nicht Müllers Ziel, sondern die Reduzierung städtischer Kosten durch die Verlagerung auf dafür geschaffene Institutionen: „Die Vorstände der jüdischen Fürsorgestiftungen, die aufgefordert waren, von einer Verteilung der Erträge abzusehen und diese dem Kommissar für die jüdische Wohlfahrtspflege zu überweisen, sind dieser Aufforderung nachgekommen. Ebenso sind die Vorstände der jüdischen Ausbildungs-Stiftungen dem ihnen zugegangenen Ersuchen gefolgt und haben ihre Mittel dem Kommissar für die jüdische Wohlfahrtspflege zur Förderung der jüdischen Auswanderung zugesagt."[124] Was sich hinter dem höflichen Begriff „Ersuchen" und der Formulierung, einer „Aufforderung nachzukommen", verbirgt, werden nach dem Pogrom sehr wahrscheinlich Drohungen mit Anzeige bei der Gestapo oder sogar mit KZ gewesen sein; der Terror eines KZ war eine leidvolle Erfahrung jüdischer Frankfurter im November 1938 gewesen.

Im Monat darauf schrieb Müller wiederum mit aller Klarheit von den Beweggründen seiner „Erfolge": „So gelang es, die Erträge der jüdischen Stiftungen ... geschlossen und ungeschmälert der jüdischen freien Wohlfahrtspflege zuzuführen. ... [Dies, GSt.] bedeutet also eine fühlbare

---

[123] Zitate siehe Gruner, Wohlfahrt, S. 209.
[124] MA 5.587, Rechtsamt, vom 03.02.1939.

Erleichterung der Aufwendungen, die sonst durch das Fürsorgeamt hätten aufgebracht werden müssen."[125]

„Noch wenige Tage vor der Schaffung der Reichsvereinigung der Juden im Juli 1939 ... konnte die Stadt Frankfurt es bewerkstelligen, die zugunsten der Universität von jüdischen Frankfurtern gegründeten umfangreichen Stiftungen in so genannte Auffangstiftungen bei der Stadt ... einzugliedern."[126]

Am 3. November 1938, wenige Tage vor der Reichspogromnacht, hatte Müller zu Beginn des städtischen Monatsberichts an den Gauleiter geschrieben: „Die Uebernahme der Aufsicht über sämtliche Frankfurter Stiftungen hat bereits deutlich erkennbare Verbesserungen im Stiftungswesen herbeigeführt". Nach dieser Feststellung gab Müller sogleich ein Beispiel dafür: „Es wurden aufgelöst: die Stiftung Clementine Kinderhospital".[127] Daß er als erste „Verbesserung" die Auflösung einer rühmenswerten Einrichtung nennt, zeigt, wes Geistes Kind er (damals) war.

Wie Müller vorging und mit wem er sich dabei abstimmte, belegt sein stiftungsfeindliches Handeln gegen die Rothschild-Stiftungen in Frankfurt am Main. Diese verfügten zu ihrem Schutz über eine Rückfallklausel: Falls die Mittel zweckwidrig verwendet würden, sollten die Vermögen an die Nachkommen fallen. Dies war der sachliche Hintergrund, weshalb im Jahre 1939 „die Britische Botschaft in einem offiziellen Memorandum im Auftrag des Londoner Zweigs der Familie nach den Bedingungen, unter denen die Rothschild-Stiftungen in Frankfurt arbeiteten", fragte. Diese Erkundigung führte in Frankfurt zu einer ausgeprägten Nervosität: „Es kam aufgrund dessen am 25. August 1939 zu einem Treffen zwischen dem Rechtsamt der Stadt, der Gestapo, der Polizei und Vertretern der SS, um sich gegenseitig über die Eingriffe bei den Rothschild-Stiftungen zu informieren." Hier erkennt man, daß sich Müller als Rechtsdezernent – und zugehörig die Stiftungsabteilung – mit Gestapo, Polizei und SS austauschte. „Es war schließlich ... Müller, ... der die Gemüter beruhigen konnte, indem er ´die Rechtmäßigkeit aller Maßnahmen´ seitens der Stiftungsabteilung betonte. In

---

[125] Pia Sammlung S6b / 38-50, Bl. 4.
[126] Kingreen, Stadtverwaltung, S. 249.
[127] Zitate siehe MA S.587.

einem Rechtsgutachten bestritt er die Rechtsgültigkeit der in dem Memorandum angeführten Klausel gegenüber ´Britischen Untertanen´." Müller nahm hierbei also eine entscheidende Rolle ein. Dies verdeutlicht beispielhaft die Bedeutung des Rechtsdezernenten im „Dritten Reich". Die Rothschild-Stiftungen wurden umgehend in die Reichsvereinigung überführt.[128]

Nur sehr wenige Stiftungen scheinen der intensiven Arbeit von Müller, städtischen Mitarbeitern und weiteren NS-Tätern bis in die 40er Jahre entgangen zu sein.[129]

Ralf Roth zieht das Fazit einer intensiven „Zusammenarbeit von Gestapo und Stiftungsabteilung": „Die umfangreichen und aufschlussreichen Quellen aus der Stiftungsabteilung zeigen eindrucksvoll, wie die jüdischen Stiftungen finanziell ausgeblutet wurden, wie man sie der Fähigkeit beraubte, ihren Stiftungszwecken nachzukommen, wie Juden systematisch als Hilfsempfänger ausgeschlossen wurden, wie Juden ihre Vorstandsämter durch Emigration oder Ausschluss verloren und wie die Namen der jüdischen Stiftungen ausgelöscht wurden. Mit den Namen verschwand die Erinnerung an die Gründer. Die Zerstörung der jüdischen Stiftungen … gehört … zu den großen Raubzügen."[130] Und eine Person stand im Mittelpunkt dieses Geschehens: Bruno Müller.

Die Erinnerung an jüdische Stifter war Müller während des „Tausendjährigen Reiches" so wenig Wert wie der Grundgedanke von Stiftungen, nämlich eine zeitlich unbegrenzt wirkende Einrichtung zu schaffen. Denn Müller war sich nicht zu schade, zu Vorständen gemischter Stiftungen zu sagen: „Eine Willensfestlegung könne nicht auf ewige Zeiten Geltungsanspruch erheben".[131]

---

[128] Zitate und Nachweis siehe Roth, Aufstieg, S. 134f.
[129] Zwei Stiftungen, die noch Ende 1944 existierten: die Joseph und Clara Trier´sche Stiftung sowie die Dr.-Julius-Höxter-Stiftung, siehe Roth, Jahre [Bd. 1], S. 345, Roth, Jahre [Bd. 2, CD], S. 55 – Anm. 167.
[130] Zitate siehe Roth, Aufstieg, S. 136.
[131] Dokumente, Geschichte, S. 123; vgl. z. B. Mongi-Vollmer, Stifterwillen.

5.2. Beispiele

Bruno Müllers Vorgehen während der NS-Zeit gegen jüdische oder jüdisch realisierte Stiftungen läßt sich vielfältig belegen. Müller praktizierte insbesondere gegen Ende der 30er Jahre eine gewissenlose Ausplünderung jüdischer Stiftungen. Den Hebel dazu bildeten perfide Taktiken: Es wurde behauptet, Stiftungsvorstände seien nicht hinreichend besetzt, es gäbe keine Ansprechpartner oder es fehlte an der Möglichkeit, Überblick zu den Finanzen einer Stiftung zu erhalten. Oder es wurde unterstellt, sich nicht an Vorschriften gehalten zu haben. Dann wurde zügig gehandelt und die ausgedeuteten Stiftungen aufgelöst, indem sie wiederholt einem städtischen Beamten in Form der kommissarischen Leitung übertragen wurden. Daran anknüpfend war es das Ziel der Stadt, an die Stiftungsgelder zu gelangen, zum Beispiel durch die Übertragung auf unselbständige städtische Stiftungen. Beschlüsse und Bitten von Stiftungsvorständen, solche Stiftungen der Jüdischen Gemeinde zu übertragen, überging die Stadt. Die Stadt übersah dabei bewußt, daß unbesetzte Positionen in jüdischen Stiftungen auch Folge der Verhaftungen des Novemberpogroms und der anschließenden Emigrationen waren. Müllers Vorgehen soll im folgenden an einigen Beispielen verdeutlicht werden; für einige Stiftungen sind dies Forschungen von Ralf Roth.[132] Damit soll zugleich die Erinnerung an diese Stiftungen wachgehalten werden.[133]

Abraham und Julie Löwenstein Familien-Stiftung
Dieser Stiftung sollte es „nahegelegt werden, sich schon jetzt der allgemeinen jüdischen Fürsorge oder der Auswandererfürsorge zur Verfügung zu stellen ohne Rücksicht auf die Enkel, die im Ausland leben."[134] Es ist also davon auszugehen, daß es Ansprüche von seiten der Enkel gab; demnach handelte Müller hier bewußt contra legem.

---

[132] Ralf Roth sei gedankt für seine entsprechenden Unterlagen.
[133] Müller hat wiederholt die Namen von Stiftungen falsch geschrieben, so „Peter Friedrich Müller-Stiftung" und „Heusenstammstiftung" statt die korrekte Schreibweise „Peter Wilhelm Müller-Stiftung" und „Heussenstammstiftung", Stadtwerke 493, vom 07.12.1937.
[134] Dokumente, Geschichte, S. 159, vom 06.07.1939.

Arthur May-Stiftung

„Eine weitere Vereinfachung in der Verwaltung der Stiftungen konnte durch die Auflösung der jüdischen Arthur-May-Stiftung und Beer-Sondheimer-Stiftung herbeigeführt werden."[135]

Die Mittel der Arthur May´schen Stiftung erhielt die unselbständige Allgemeine Fürsorgestiftung der Stadt.[136] „Vereinfachung der Verwaltung" war ein Euphemismus Müllers zur „Auflösung" von Stiftungen, die er mitverantwortlich nach der Pogromnacht herbeigeführt hatte. Das zeigt, wie dreist Müller agierte und argumentierte.

Arthur Pfungst-Stiftung
[Zur Pfungst-Stiftung siehe nähere Angaben im Kapitel 10.]

Arthur von Weinberg-Stiftung

Die vom Ehrenbürger der Stadt Frankfurt am Main und zugleich Ehrenbürger und Ehrensenator der Frankfurter Universität[137] geschaffene Stiftung unterstützte die Mathematik sowie Naturwissenschaften in Frankfurter akademischen Instituten. Es kam zu einer Umbenennung der Stiftung,[138] wodurch die Erinnerung an den Stifter ausgelöscht werden sollte.

Beer-Sondheimer-Stiftung

Das „Restvermögen in Höhe von 54.000 RM" der Beer-Sondheimer-Stiftung wurde der „(seit 1946) Versehrten- und Hinterbliebenen-Stiftung"[139] übertragen.

Cohen-Kuhn´sche Stiftung für wohltätige Zwecke

Müller hatte 1939 über diese Stiftung festgehalten: „Es bestehen ferner keine Bedenken dagegen, 3 bisher schon für Juden verwendete Stiftungen der Reichsvereinigung der Juden zu überlassen, obwohl in der Satzung eine Berücksichtigung auch von Ariern vorgesehen ist, da praktisch diese Berücksichtigung in der Vergangenheit kaum stattgefunden hat." Dazu

---

[135] MA 5.587, Rechtsamt, vom 03.02.1939: „Für 5 weitere gemischte Stiftungen ist die Einsetzung eines Kommissars eingeleitet."
[136] Siehe Lustiger, Stiftungen, S. 114.
[137] Siehe Stemmler, Vermessung, S. 145, 147, 159, 164.
[138] Siehe Mack, Familie, S. 79f.
[139] Zitate siehe Lustiger, Stiftungen, S. 196.

gehörte auch die „Cohen-Kuhnsche Stiftung".[140] Warum Müller diese der Reichsvereinigung anscheinend kampflos überließ, ist noch offen.

David und Emma Höchberg Stiftung
[Zur Stiftung siehe nähere Angaben im Kapitel 5.1].

David und Rosine Snatich-Stiftung
Der Weg von Juden ins Exil, um sich zu retten, führte auch bei dieser Stiftung dazu, daß es Probleme gab, den Vorstand zu besetzen. Deshalb entschied sich die Stiftung vor dem 18. Februar 1939 dafür, der Jüdischen Gemeinde die Verwaltung zu übertragen. Denn es bestand allgemein die Gefahr, daß die Stadt diese Position selbst besetzen könnte, um die Stiftung zu übernehmen. Weil Müller den städtischen Haushalt bei den Sozialausgaben entlasten wollte, hatte er der Snatich'schen-Stiftung nahegelegt, den gesamten Ertrag geschlossen der jüdischen Fürsorgestiftung zu überweisen. Der Regierungspräsident ließ wissen, die Stiftung solle einen anderen Zweck haben, den er aber nicht mitteilte; und er verfügte am 16. Juni 1939 den städtischen Verwaltungsinspektor Karl Jaath zum kommissarischen Vorstand. Aufgrund dieser Verfügung bescheinigte Müller Jaath urkundlich zum kommissarischen Stiftungsleiter.[141] Somit war die Stadt nicht an ihr Ziel gelangt: Denn am 24. November 1939 erkundigte sich die Gestapo bei der Stiftungsabteilung mittels eines Fragebogens, welche jüdischen Wurzeln es bei der Stiftung gebe und inwieweit Juden von ihr unterstützt würden. So kam es, daß die Stiftung mit ihrem Vermögen von fast 52.000 RM[142] an die Reichsvereinigung fiel.

---

[140] Zitate siehe Stiftungsabteilung 75, Bl. 79; der Dank geht an Ralf Roth für diese Information.
[141] Müller bescheinigte ihm am 20.08.1945 sachliche Arbeit als Leiter des Siedlungsverein Praunheim, obwohl Jaath diesen 1933 auf „nationalsozialistischer Grundlage" umgestellt hatte, wie dieser sich selbst 1938 gerühmt hatte, siehe PA 71.335, Bl. 135, 368.
[142] Siehe MA 7.816, Stiftungsabteilung, vom 18.02.1939; MA 9.577, Bl. 6, 8, 12, 14; Stiftungsabteilung 416, Bl. 18f., 28-30, 32, 34, 45; siehe auch Stadtverwaltung Frankfurt am Main, Rechtsamt, Erinnerungsbuch, Bl. 240; siehe ebenso Stiftungsabteilung 551.

Dora Trier-Stiftung

Der Vorstand wurde „nach Amtsniederlegung der jüdischen Vorstandsmitglieder rein arisch besetzt."[143]

Dr. Beyer-Stiftung

„Die Dr. Beyer'sche Stiftung wird, entsprechend unseren Vorschlägen, neu aufgezogen."[144] Vor der Eskalation der Judenverfolgung am 9. November 1938 hatte Müller anscheinend grundlegend in die Stiftung eingegriffen.

Dr. Julius Höxter-Stiftung

Müller hatte mit seiner Stiftungsabteilung die Dr. Julius Höxter-Stiftung übersehen. Im September 1943 teilte er der Gestapo mit: „Im allgemeinen ist die Eingliederung der jüdischen Stiftungen in Frankfurt/M restlos durchgeführt. Neuerdings hat sich aber ergeben, dass noch eine solche Stiftung besteht, die bisher nicht bekannt war. Es handelt sich um die Dr. Julius Höxter-Stiftung. (…) Die Voraussetzungen für die Eingliederung in die Reichsvereinigung der Juden liegen daher m. E. vor." Ein Jahr später hieß es über diese Stiftung: „Das Vermögen der Reichsvereinigung der Juden in Deutschland ist zugunsten des Deutschen Reiches beschlagnahmt worden. Zu dem beschlagnahmten Vermögen … gehört auch das Vermögen der Dr. Julius Höxter-Stiftung, die § 5 der 10. Verordnung zum Reichsbürgergesetz vom 4.7.1939 (RGBl. I S. 1097) gemäss in die Reichsvereinigung der Juden in Deutschland eingegliedert worden ist."[145]

Dr. med. Asch-Stiftung

„Bei zwei jüdisch-gemischten Stiftungen konnte über die staatliche Aufsichtsbehörde die Umstellung der Stiftung durchgeführt werden … Die jüdischen Mitglieder des Vorstandes der Dr.med. Asch-Stiftung wurden durch Verfügung des Herrn Regierungspräsidenten auf unseren Vorschlag abberufen."[146] Müller hatte vor der Pogromnacht die Vertreibung jüdischer Vorstandsmitglieder initiiert.

---

[143] MA 5.587, Rechtsamt, vom 03.11.1938; siehe auch Stadtverwaltung Frankfurt am Main, Rechtsamt, Erinnerungsbuch, Bl. 264.
[144] MA 5.587, Rechtsamt, vom 03.11.1938.
[145] Zitate siehe Stiftungsabteilung 211, Bl. 24, 33; der Dank geht an Ralf Roth für diese Information.
[146] MA 5.587, Rechtsamt, vom 03.11.1938; siehe auch Priepke/Görner, Stiftungen, S. 11-13.

Emil Cohnstaedt-Stiftung

Sie wurde 1916 gegründet. Der Name wurde „1940 geändert in ′Preisstiftung für Arbeiten auf dem Gebiet der Physik′ (1945 alter Name wiederhergestellt)", wie im Erinnerungsbuch der Stiftungen behauptet wird, demnach habe das „Vermögen 1953: 1004 DM" betragen.[147]

Frankfurter Armenverein

Eine sehr frühe Attacke gegen eine Hilfseinrichtung, welche dank bürgerschaftlichem Engagement existierte, erfolgte in Frankfurt schon 1933 gegen den Frankfurter Armenverein. Zu dem Zeitpunkt hatte es noch nicht die Stiftungsabteilung gegeben. Der Verein war mit seinem Vermögen von über 200.000 RM aufgelöst worden, weil er angeblich nicht gemäß dem Zweck das Geld ausgeschüttet hätte. Der Gauleiter, die Gestapo und die NSV waren vorgegangen. Das Geld kam aber nicht der NSV zugute, sondern fiel gemäß der Satzung an die Stadt. Müller behauptete jedoch später, dies sei ihm zu verdanken gewesen.[148]

Fritz und Auguste Gans-Stiftung

Ein Beispiel für unvollständige Vorgänge in den Akten ist die Auflösung der Fritz und Auguste Gans′schen Stiftung. Wahrscheinlich hatte die Stiftungsabteilung versucht, der Stadt die Hoheit über diese Stiftung zu sichern. Denn deren Schreiben an die Stiftungsabteilung vom 1. Dezember 1937 stellte höflich, aber klar, fest: „Ich gestatte mir darauf hinzuweisen, dass in der genehmigten Satzung der Stiftung andere Bestimmungen vorgesehen sind und die Stiftung gem. § 3 durch andere Personen verwaltet wird, sodass eine Verwaltung durch die Stadt nicht in Frage kommt."[149] Ein Text, auf dem sich diese Entgegnung bezieht, ist anscheinend nicht vorhanden. Auch diese Stiftung wurde von Müller unter Druck gesetzt, als er Ende August 1938 - im Vorfeld des Novemberpogroms - einen vervielfältigten Fragebogen an Stiftungen sandte, um sie genau

---

[147] Zitate siehe Stadtverwaltung Frankfurt am Main, Rechtsamt, Erinnerungsbuch, Bl. 43.
[148] Siehe PA 65.185, Bl. 213; HHStAW, 520F, R 4704, K 2185, Bl. 35; vgl. ebenda, Bl. 100verso.
[149] Stiftungsabteilung 128, Bl. 15 (von Dr. Fritz Oppenheimer).

auszuforschen.[150] Auch bei dieser Stiftung bedeutete der Novemberpogrom letztlich das Ende. Im Februar 1939 hieß es: „Da die derzeitigen Mitglieder des Vorstandes der Stiftung unmittelbar vor der Auswanderung stehen ... möchte der Vorstand die Stiftung auflösen."[151] Die Fritz und Auguste Gans´sche Stiftung wurde laut Müller vom Juli 1939 aufgelöst.[152]

Georg Speyer-Stiftung
Hier beeinflußte Müller die Zusammensetzung des Stiftungsvorstandes: Herbert Beit von Speyer verließ den Vorstand. Müller schrieb: „Nachdem durch die Ereignisse der letzten Tage das Verbleiben von Juden in Stiftungen, die nicht ausschließlich für Juden bestimmt sind, völlig unhaltbar geworden ist, halten wir es für notwendig, daß Herr Beit von Speyer durch einen geeigneten Volksgenossen ersetzt wird. Die Satzung sieht eine Abberufung während der laufenden Amtszeit nicht vor. Daher ergeben sich folgende Möglichkeiten: Entweder wird der Genannte zur Niederlegung seines Vorstandsamtes aufgefordert ..., oder die Abberufung wäre durch entsprechenden Antrag an den Herrn Regierungspräsidenten herbeizuführen."[153]
Das Ziel war, wie der Text selbst es vermittelt, offenkundig satzungswidrig. Die angedrohte Abberufung durch den Regierungspräsidenten wäre ein Willkürakt gewesen. Anscheinend reichte es rechtlich für den promovierten Juristen Müller aus, eine Sachlage für „völlig unhaltbar" zu erklären, um dagegen aktiv werden zu dürfen. Dafür bediente er sich der Form der Aufforderung, die keinen Widerspruch duldet. Müllers Verhalten steht nicht im Einklang mit einem rechtstaatlichen Handeln. Ob Müller solche Maßnahmen eher schriftlich oder häufiger mündlich in die Wege leitete, ist offen.

Heimarbeiterstiftung.
Aufgelöst wurde sie laut Müller vom Juli 1939.[154]

---

[150] Siehe Stiftungsabteilung 128, Bl. 18, vom 24.08.1938.
[151] Stiftungsabteilung 128, Bl. 25, vom 10.02.1939.
[152] Siehe MA 5.588, Rechtsamt, vom 03.07.1939.
[153] Dokumente, Geschichte, S. 140; siehe auch Ortmeyer, Speyer´sche Stiftung, [S. 12, 15f.]; Stemmler, Schuld, S. 20.
[154] Siehe MA 5.588, Rechtsamt, vom 03.07.1939.

Henry und Emma Budge-Stiftung

Bei der Budge-Stiftung[155] hatte der Vorstand eine Aufteilung des Vermögens im April 1941 beschlossen,[156] welche Müller 1942 den Gemeinderäten mitteilte: „die eine Hälfte erhalte die Stadt, die andere Hälfte die Reichsvereinigung der Juden. Allerdings sei die Frist von einem Jahr einzuhalten, um etwaige Gläubiger bedienen zu können".[157]

Im Oktober 1956 kam es nach einem langen Rechtsstreit zu einer begrenzten „Wiedergutmachung". Es wurde ein Vergleich „vor dem Landesamt für Vermögenskontrolle und Wiedergutmachung in Hessen" geschlossen, wonach „das halbe Stiftungskapital, welches an die Stadt zum Zwecke der Altersfürsorge ausgezahlt worden war (31.500 RM)", an die Stiftung ging.[158]

Im Kontext dazu steht Müllers Selbstbild nach dem Krieg. Er hatte schon vor dem Hauptuntersuchungsausschuß der Stadt Frankfurt[159] wie auch später mit anderen Worten vor der Spruchkammer behauptet: „Bei der Henry und Emma Budge Stiftung (jüdische Begründer) habe ich ungerechte Steuermassnahmen bis zum äussersten bekämpfen helfen."[160]

Institut für Gemeinwohl

[Zum Institut für Gemeinwohl siehe nähere Angaben im Kapitel 10.]

Jakob L. H. Epstein-Stiftung[161]

Diese Stiftung, welche anscheinend identisch ist mit der „Eppstein-Stiftung",[162] so Müllers Schreibweise, wurde 1939 vernichtet. Angriffe waren gegen sie erfolgt mit den vorgeschobenen Behauptungen einer „satzungswidrigen Verwaltung" sowie ihrer „Verwaisung". Die Stadt Frankfurt hätte gern ihren Mitarbeiter Jaath mit der kommissarischen Leitung dieser Stiftung beauftragt. Man argumentierte, er sei dafür geeignet aufgrund seiner „Ueberwachung der Geschäfte der jüdischen Gemeinde"

---

[155] Zur Budge-Stiftung erklärte Müller nach dem Krieg, daß „Akten größtenteils erhalten" seien, so Jutta Zwilling im Vortrag „Umgestellt auf deutsche Volksgenossen" vom 18.01.2016.

[156] Siehe Lustiger, Stiftungen, S. 100f.

[157] Tüffers, Magistrat, S. 277.

[158] Zitate siehe Lustiger, Stiftungen, S. 100f.

[159] PA 65.185, Bl. 215.

[160] PA 65.185, Bl. 236. Die jüdischen Bewohner des Altersheims hattte die Stadt bis Ende März 1939 alle vertrieben, siehe Roth, Jahre (Bd. 1), S. 343.

[161] Siehe MA 9.615.

[162] MA 5.588, Rechtsamt, vom 03.07.1939.

und als „Kommissar für einige anderen [sic, GSt.] jüdischen Stiftungen“.[163] Ein Ansatzpunkt für solche Angriffe war, daß der Stiftungsvorsitzende Dr. Ludwig Heilbrunn[164] emigriert war, um sein Leben zu retten. Es wurde unzutreffend gegen die Stiftung erklärt: „Daher kann auch nicht festgestellt werden, wo sich die Vermögenswerte der Stiftung zur Zeit befinden.“ Hingegen war von der Frankfurter Bank mitgeteilt worden, daß 3.675 RM an Stiftungsvermögen vorlägen. Es wurde daran gedacht, „vielleicht auch die Stiftung auf die Reichsvereinigung der Juden in Deutschland zu überführen.“ So geschah es, und zwar am 27. November 1939.[165]

Ludwig Leser´sche Stiftung
Im Februar 1940 informierte Müller die Gestapo, daß diese „beträchtliche Stiftung“ existiere.[166]

M. H. Güldenstein-Stiftung
Das Vermögen der Stiftung lag Ende 1938 bei gut 6.000 RM.[167] Müller setzte die Güldenstein-Stiftung unter Druck mit zwei Ansätzen: Zum einen schrieb er an die Jüdische Gemeinde einen vorwurfsvollen Brief, in dem er die Stiftung beschuldigte, einen „zuwiderlaufenden Eingriff in das Stiftungsvermögen“ getätigt zu haben. Denn die Stiftung hatte ein Brautlegat mit 300 RM ausgestattet; dabei ließ Müller unberücksichtigt, daß ein solcher Zweck gemäß § 4 der Stiftungssatzung möglich war. Müllers Begründung war, daß der Ertrag durch einen „freiwilligen Verkauf“ von Pfandbriefen „an der Börse“ erzielt worden sei. Daß dieses Argument nicht stichhaltig war, wird wohl der Grund gewesen sein, es anscheinend später nicht mehr explizit zu wiederholen. Zum anderen wurde versucht, die Stiftung zu übernehmen, indem der Vorwurf erhoben wurde - was auch der Regierungspräsident tat -, der Vorstand sei unzureichend besetzt. Denn auch bei der Güldenstein-Stiftung waren Mitglieder des Vorstandes ausgewandert oder standen im Begriff, dies zu tun. Der Regierungspräsident machte den städtischen Beamten Jaath zum kommissarischen Leiter und übergab nicht der Jüdischen Gemeinde die Leitung. Sicherheitspolizei und SD setzten sich

---

[163] Zitate und Nachweise siehe MA 9.614, Bl. 9; MA 9.615, Bl.2, 4, 6f., 9.
[164] Siehe Stemmler, Vermessung, S. 97f., 159; Klötzer, Biographie. Bd. 1, S. 312f.
[165] Zitate und Nachweise siehe MA 9.615, Bl. 4-6, 11, 14, 17.
[166] Stiftungsabteilung 287, Bl. 14; der Dank geht an Ralf Roth für diese Information.
[167] Siehe Lustiger, Stiftungen, S. 182.

durch, so daß die Reichsvereinigung am 23. Oktober 1939 die Stiftung übernahm.[168] Hierbei hatte die Stadt gegenüber der Gestapo das Nachsehen.

Max und Rosalie Budge'sche Stiftung

„Noch im Dezember 1944 hatte er den Beschluss gefasst, die Stiftung aufzulösen und das Vermögen der städtischen Jugendfürsorge-Stiftung zuzuweisen." Genehmigt wurde dies vom Regierungspräsidium am 7. Januar und von Krebs am 22. Februar 1945. Die amerikanischen Truppen in Frankfurt schienen dies zu stoppen. Doch gemeinsam mit der Stiftungsabteilung unter Müller verfolgte die Stadtverwaltung noch dieses Ziel: „Wir bitten um baldgefl. Mitteilung, ob unter den veränderten Verhältnissen diese Anordnung noch durchführbar ist."[169]

Moritz Rapp'sche Stiftung

Stadtkämmerer Lehmann äußerte sich bei dieser Stiftung 1940 gegenüber Müller ungeschminkt zu seinem Motiv, das Geld für eigene Pläne einzusetzen: „Wir haben also ein erhebliches finanzielles Interesse daran, dass die Vermögensaufteilung baldigst vorgenommen wird."[170]

Odrell-Stiftung

In der Odrell'schen Stiftung gab es ein Vermögen von 145.000 RM, das durch deren Auflösung die Pestalozzi-Stiftung erhielt.[171]

Oppenheim-Universitätsstiftung

Müller hatte im Juli 1939 erklärt, daß die „Auflösung" dieser Stiftung zur Zeit erfolge.[172]

---

[168] Zitate und Nachweise siehe MA 9.614, Bl. 4, 6, 8f., 13-16; MA 9.615, Bl. 2, Bürgermeister Kremmer an Regierungspräsident, vom 18.07.1939; siehe auch MA 5.588, Rechtsamt, vom 03.07.1939.

[169] Zitate und Nachweise siehe Roth, Jahre (Bd. 2), S. 426f.

[170] Stiftungsabteilung 377, vom 06.07.1940, Bl. 62; der Dank geht an Ralf Roth für diese Information.

[171] Siehe MA 5.587, Rechtsamt, vom 03.02.1939; Lustiger, Stiftungen, S. 29; Dokumente, Geschichte, S. 124; siehe zur Dr. Leopold Odrell'schen Stipendien Stiftung in Stadtverwaltung Frankfurt am Main, Rechtsamt, Erinnerungsbuch, Bl. 188.

[172] Zitat und Nachweis siehe MA 5.588, Rechtsamt, vom 03.07.1939.

Philipp und Jakob H. Schiff-Stiftung

Müller hatte in seinem Vermerk vom Juli 1939 erklärt, daß die Auflösung der „Phil. Schiff'schen Universitäts-Stiftung"[173] im Gange sei. Zu einer Stiftung mit diesem Namen konnte bisher nichts ermittelt werden, so daß davon auszugehen ist, daß er die Philipp und Jakob H. Schiff-Stiftung meinte. Im „Erinnerungsbuch der Stiftungen" bestehen anscheinend dazu zwei separate Einträge, so daß die Situation unklar bleibt: Müller hatte dem NS-Oberbürgermeister über den Stadtkämmerer Lehmann am 16. September 1939 den Vorschlag unterbreitet, das Vermögen der Stiftung aufzuteilen: 50 Prozent solle an die Reichsvereinigung fallen, 25 Prozent an die städtische Jugendfürsorgestiftung und 25 Prozent an die allgemeine Jugendfürsorgestiftung.[174] Es fehlt bei diesem Schreiben an einer Begründung, warum die Existenz der Stiftung beendet werden dürfe. Für die Auslöschung der Stiftung wurde nur auf ein anderes Schreiben verwiesen, ohne eine Kopie anzufügen. Auch hierbei dachte Müller an die städtischen Finanzen, denn die Hälfte des Stiftungsvermögens sollte unselbständigen städtischen Stiftungen zugute kommen. Dabei ging es damals um knapp 71.000 RM. In diese Beratungen war anscheinend der Stadtkämmerer involviert, denn eine Verfügung aus einer sog. Amtsleiterbesprechung vom 3. Oktober 1939 wurde dem Reichneiamt zur Kenntnis gegeben.[175] Diese Attacke erfuhr aufgrund der politischen „Großwetterlage" eine besondere Entwicklung: Amerikanische Stiftungsangehörige, die in den USA noch lebten, hätten bei einer Vernichtung der Stiftung öffentlich protestieren können. Weil der Reichsinnenminister zu Beginn des Zweiten Weltkrieges dies verhindern wollte, wurde die Stiftung - noch - nicht ausgeraubt. Im Dezember 1941 bestand diese Ausgangslage mit der Kriegserklärung gegen die USA nicht mehr. Da Müller und Stadtkämmerer Lehmann die städtischen Finanzen verbessern wollten, schickte Müller am 24. März 1942 über das Rechneiamt ein Schreiben an den NS-Oberbürgermeister: „Das Reichneiamt/Fin.Verw. legt grossen Wert darauf, dass die Stiftung wegfällt, da es nicht Aufgabe der Stadt sein kann, Gelder, die den Juden zustehen, noch weiter zu verwalten, im Haushaltsplan nachzuweisen und Steuern

---

[173] MA 5.588, Rechtsamt, vom 03.07.1939.
[174] Im Erinnerungsbuch, Bl. 232, wird dies aufgeführt unter „Schiff, Philipp, Erben", siehe Stadtverwaltung Frankfurt am Main, Rechtsamt.
[175] Siehe MA 9.506.

darauf zu entrichten."[176] Stadtkämmerer Lehmann zeichnete es drei Tage später mit der Bemerkung „zustimmend weitergereicht" ab. Stiftungen unter jüdischer Beteiligung mußten Steuern bezahlen. Bei einer Übertragung von Geldern in unselbständige städtische Stiftungen würde diese Steuer wegfallen. Die Stiftung wurde durch „Beschluß des Vorstands vom 26.05.1939 aufgelöst". „Das Restvermögen wurde auf die unselbständige Dr. Adolf Varrentrapp-Stiftung übertragen, die ihrerseits nach dem zweiten Weltkrieg in die Carl Christian Jügel-Stiftung eingegliedert wurde."[177]

Sondershausen von Gläsernthal'sche Stiftung

Bei dieser alten Stiftung wurde Müller 1934 zusammen mit Dr. Stein Administrator. Müller behauptet 1934, die Amtsvorgänger in der Zeit nach dem Ersten Weltkrieg seien „ihrer Verpflichtung der Rechnungslegung gegenüber dem Magistrat nicht mehr nachgekommen". Das kann für den ersten, der von 1905 bis 1923 das Amt allein innehatte, in der Zeit der Hyperinflation schon möglich gewesen sein. Jedoch beim Administrator von 1923 bis 1933, Stadtrat Dr. Hiller, der ein ehemaliger, in seinem Amt bewährter Magistratssyndikus und dann rechtskundiges Magistratsmitglied bis 1928 gewesein sein soll,[178] ist dies unwahrscheinlich. Es ist eher davon auszugehen, daß dies ein Vorwand war, wie auch der implizite Vorwurf in Müllers Feststellung, daß nun die Erträge wieder entsprechend dem satzungsgemäßen Zweck verwendet werden. Es ist nämlich unklar, warum Müller 1934 ein Heftchen zur Stiftung veröffentlichte: Es gab im Untertitel an, daß es auf die „Geschichte und Satzung" eingehe. Aber den angekündigten Aspekt der Interpretationsbedürftigkeit von Teilen der Satzung behandelt er nicht, was im Kontext von Konflikten zwischen Stiftern und Stadt interessant gewesen wäre. Auch als Geschichtsheft überzeugt es nicht. Eine mögliche Erklärung bietet eine kleingedruckte Erläuterung innerhalb des zweiten Teils, also der „Satzungen", wonach ab 1875 jährlich 1000 Mark für die Administratoren zu zahlen sei. Es stellt sich hierzu die nur bedingt rhetorische Frage, ob er mit Hinweis auf sein

---

[176] MA 9.506; siehe Stemmler, Schuld, S. 134.
[177] Zitate siehe Lustiger, Stiftungen, 87. Im Erinnerungsbuch ist die Rede davon, daß eine Stiftung von „Schiff, Jakob H." 1940 in die Varrentrapp-Stiftung eingegliedert wurde, siehe Stadtverwaltung Frankfurt am Main, Rechtsamt, Bl. 231.
[178] Siehe Maly, Regiment, S. 253, 446f.

attraktives Zusatzeinkommen - was damals 1000 Mark bedeuteten[179] - sich exkulpieren wollte, indem er dieses Faktum veröffentlichte, ohne davon ausgehen zu müssen, daß dies wahrgenommen werde. Vielleicht stellt diese Zusatzeinnahme in einer wahrscheinlich dienstlichen Nebentätigkeit den Grund für Müller dar, das Amt eines Administrators zusätzlich zu einem ehrenamtlichen Stadtrat zu übernehmen.[180]

Stiftung Allgemeines jüdisches Krankenhaus Schaare Zedek zu Jerusalem
Die von Müller im Juli 1939 wegen „Vermögenslosigkeit" als aufgelöst bezeichnete „Schaare-Zedeck-Stiftung" [sic, GSt.] war die „Stiftung ´Allgemeines jüdisches Krankenhaus Schaare Zedek zu Jerusalem´". [181]

Stiftung Sussmann-Una Vermächtnis
Die Stiftung wünschte schon vor dem 18. Februar 1939, daß die Jüdische Gemeinde die Verwaltung übernehmen solle.[182]

Zacharias Wertheimber´sche Stiftung
Auf zynisch-bürokratische Art und Weise betrieb Müller die Auflösung dieser Stiftung: Die durch die NS-Politik verschuldete „Einstellung der Stiftungstätigkeit wurde dort als selbstverschuldet dargestellt". „Am 15. November 1939 erfolgte die Eingliederung der Stiftung in die ´Reichsvereinigung´".[183]

Zachary-Hochschild und Leo-Ellinger Unterstützungskasse
„Die Uebernahme der Aufsicht über sämtliche Frankfurter Stiftungen hat bereits deutlich erkennbare Verbesserungen im Stiftungswesen

---

[179] Müller gab im Fragebogen vom 25.04.1946 als sein Jahreseinkommen für 1943 15.200 RM an, siehe HHStAW, 520F, R 4704, K 2185, Bl. 2.
[180] Nachweise und Zitate siehe Müller, Sondershausen, S. 21f., 29f.
[181] Zitate und Nachweis siehe MA 5.588, Rechtsamt, vom 03.07.1939; Lenarz, Stiftungen; Angabe in der ISG-Archivdatenbank zum Stichwort; siehe auch Lustiger, Stiftungen, S. 134.
[182] Siehe MA 7.816, Stiftungsabteilung, vom 18.02.1939. Müller schrieb zweimal „Susmann", ebenso im Erinnerungsbuch, siehe Stadtverwaltung Frankfurt am Main, Rechtsamt, Bl. 257, während Lustiger, Stiftungen, S. 124f. „Sussmann" verwendete.
[183] Besseler, Wertheimber´sche Stiftung , S. 13; siehe auch S. 8-15, mit Verweisen u. a. auf Stiftungsabteilung 521 sowie MA 9.591; das Bauamt war somit involviert.

herbeigeführt. Es wurden aufgelöst: ... Zachary-Hochschild´sche[n] und Leo-Elling er´sche[n] Unterstützungskasse."[184]

Müllers Bewertung kann als bezeichnend gewertet werden; denn in dieser Feststellung vom 3. November 1938 akzeptiert er es, daß Namen von Stiftern ausgelöscht werden, wenn die Stiftungsgelder zugunsten der Stadt gesichert werden konnten oder kommunale Ausgaben reduzierten. Wenige Tage vor dem Pogrom ist dies Müllers Verständnis von „Verbesserungen".

5.3. Gründungsmythos der Stiftung Frankfurter Schullandheim Wegscheide

Die Stiftung Frankfurter Schullandheim Wegscheide[185] rühmte sich bis gegen Ende 2019 auf ihrer Webseite zur Geschichte: „Zwar konnte sich die Wegscheide dem Zugriff der NSDAP durch die Umwandlung von einer GmbH in eine Stiftung entziehen." Und in den wenigen Zeilen, die sie auf der Webseite der Stadt Frankfurter unter „Stiftungen von A-Z" zur Verfügung hat, gab sie länger an: „Die Gesellschafter der Kinderdorf Wegscheide GmbH wandelten die GmbH in eine Stiftung um, um die Wegscheide vor dem Zugriff der NSDAP zu schützen."[186] Müller wird eine entscheidende Rolle beim Gründungsmythos gespielt haben; denn er hatte 1946 an die Spruchkammer geschrieben: „Rektor Jaspert hat auf meine Anregung die Wegscheide in eine Stiftung umgewandelt".[187]

---

[184] MA 5.587, Rechtsamt, vom 03.11.1938. Bei Müller, Stiftungen, S. 144, und Müller/Schembs, Stiftungen, S. 167, wird zu „eine[r] Zacharias-Hochschild und eine[r] Ellinger-Unterstützungskassen-Stiftung" euphemistisch geschrieben, sei seien „1938 durch eine große Unterstützungsstiftung der Metallgesellschaft abgelöst" worden; siehe auch Dokumente, Geschichte, S. 141.

[185] Die Stiftung selbst hat sich für eine Quelleneinsicht nicht aufgeschlossen gezeigt: es dauerte sechs Jahre, bis ein Einblick möglich wurde, der kein relevantes Material enthielt und vor allem nicht der fraglichen Aussage entsprach; aufgrund dieser Verhaltensweise und von widersprüchlichen Aussagen ist es von daher letztlich offen, ob es bei der Stiftung weiterhin noch einschlägige Akten gibt.

[186] Diese Aussagen wurden erst gestrichen nach dem Artikel von Walburg, Fleck; es folgte u. a. noch der von Maurer, Wegscheide.

[187] HHStAW, 520F, R 4704, K 2185, Bl. 74, vom 10.06.1946. Hier spricht er vom „Rektor", nicht vom „Stadtrat", vielleicht, um Jaspert rechtsradikale Parteitätigkeit bei der DNVP nicht anklingen zu lassen. Vermutlich handelt es sich bei folgender Aussage um die gleiche Ausrede: Müller habe der Polytechnischen Gesellschaft vorgeschlagen „den Verein in eine Stiftung umzuwandeln. Nach den Vorschriften

Aber laut einer Besprechung von 1937 hatte August Jaspert den Vorschlag entwickelt, die Kinderdorf Wegscheide GmbH möge in eine selbständige städtische Stiftung umgewandelt werden.[188] Gemäß Bruno Müller vom Januar 1938 an den NS-Oberbürgermeister hatte „Herr Stadtrat Jaspert .. von sich aus den Vorschlag gemacht, die Anteile der Wegscheide G.m.b.H. in eine neu zu gründende Stiftung einzubringen."[189] Inwieweit läßt sich die Entwicklung rekonstruieren?

1920 war auf einem ehemaligen Reichswehrgelände das Kinderdorf Wegscheide gegründet worden. „Im August 1920 verbrachten erstmals 500 Frankfurter Schulkinder einige Wochen"[190] dort bei Bad Orb. Die Rechtsform war eine GmbH. Die Gesellschafter in den ersten Jahren waren die Zentrale für private Fürsorge unter Wilhelm Polligkeit und der Bürgerausschuß, für den Ernst Wagner zu nennen ist, sowie August Jaspert. In der NS-Zeit gab es bald in Bad Orb Kritik an Jaspert und an Entscheidungen von ihm, die Personen dort betrafen. In einer Besprechung im Frankfurter Rathaus, an der unter anderem Bruno Müller beteiligt war, entwickelte dann im Juni 1937 Jaspert „seine Vorschläge": Er hatte „die Absicht, die Wegscheide auf die Stadt" Frankfurt zu übertragen, die „daraus eine selbständige Stiftung" errichten sollte. Es kam „ihm darauf an, dass die Bewegungsfreiheit des Vorstandes oder des Geschäftsführers wie seither auch künftig erhalten" bliebe.[191] Dann kam es zur „Auflösung der Zentrale für private Fürsorge und Weiterführung der Aufgaben durch die NS-

---

des Allgemeinen Landrechts standen Stiftungen unter der Aufsicht des Regierungspräsidenten, der sie vor dem direkten Zugriff der Gauleitung hätte schirmen können," so Bauer, Gesellschaft, S. 122.

[188] MA 7.816, vom 07.06.1937; ebenso Stiftung Wegscheide, 1.

[189] MA 7.816, vom 03.01.1938. Dazu Bardorff, Jahre, S. 110: „Jasperts letzte, grundlegende Tat war es, daß er die ursprüngliche Form der G.m.b.H. in eine Städtische Stiftung umwandelte, sodaß Bestand und Zukunft seines Werkes als gesichert gelten können."

[190] Siehe Webseite Stiftung Wegscheide, Unterseite Geschichte, [Stand: September 2018].

[191] Zitate siehe MA 7.816, vom 07.06.1937, Bl. 1, 3. Siehe hierzu Stadtwerke 493, Rücksprache Müller bei Krebs, vom 05.06.1937: „Herr OBM ist einverstanden, dass mit der Wegscheide Verhandlungen wegen Neugestaltung des Verhältnisses aufgenommen werden und das evtl. die Wegscheide auf die Stadt übernommen wird."

Volkswohlfahrt",[192] so daß sie aus der GmbH ausschied; die beiden verbleibenden Gesellschafter verfügten über jeweils die Hälfte der Anteile.[193] „Herr Obg. hat von den Vorschlägen wegen der Wegscheidestiftung Kenntnis genommen. Die Vorbereitungen sollen so schnell wie möglich gefördert werden."[194] Aber der Mitgesellschafter Ernst Wagner habe lt. Müller „Schwierigkeiten"[195] gemacht. Diese konnten schnell überwunden werden. „Es wurde eine Stiftung unter Aufsicht des Magistrats gegründet, die in enger Verbindung mit der Stadtverwaltung steht":[196] Als Vorstandmitglieder wurden einerseits Jaspert sowie Wagner und andererseits die Dezernenten für das Sozialamt, Schulamt sowie Rechtsamt vorgesehen.[197] Der Antrag auf Einrichtung der Stiftung wurde am 4. Januar 1938 verhandelt. Der notarielle Vertrag, unterzeichnet von den beiden Gesellschaftern, ist vom 24. Januar. Die Genehmigung als Stiftung erfolgte durch den Wiesbadener Regierungspräsidenten Werner Zschintzsch.[198] „Die ihr von den Stiftern gegebene Verfassung wurde am 5. 12. 1938 staatlich genehmigt und zugleich die Rechtsfähigkeit verliehen."[199] Die beiden Gesellschafter hatten ihre Anteile auf die Stiftung übertragen, woraufhin die Stiftung als einzige Gesellschafterin die GmbH auflöste.[200] Der Schuldezernent Rudolf Keller gab Kenntnis von der Umwandlung in eine Stiftung in „Uebereinstimmung mit der Stadtverwaltung"[201] am 9. Mai 1939. Der Eintrag der Stiftung in das Frankfurter Goldene Buch der Stiftungen

---

[192] Institut für Stadtgeschichte, Webseite, Stadtchronik, [Stand: Oktober 2018], zum 14. Oktober 1937; auf Beschluß der Mitgliederversammlung vom 17.06., siehe Stein, Verwissenschaftlichung, S. 143.
[193] Siehe MA 7.816, Müller an Krebs, vom 03.01.1938.
[194] MA 7.816, Besprechungen bei Krebs, vom 24.06.1937; zugleich Stadtwerke 493, Rücksprache Müller bei Krebs, vom 24.06.1937.
[195] Stadtwerke 493, Rücksprache Müller bei Krebs, vom 17.09.1937
[196] Schulamt 5.065, Stiftung an Kultusminister, vom 24.08.1949, sowie Stiftung an Hessischen Paritätischen Wohlfahrtsverband, vom 25.08.1949.
[197] Siehe Stadtwerke 493, Rücksprache Müller bei Krebs, vom 03.12.1937.
[198] Siehe MA 7.816, vom 05.01.1938; Schulamt 231, Vermerk der Genehmigung; Fürsorgeamt 627, „Denkschrift", vom 21.09.1947. Zschintzsch war am 20.02.1933 kommissarisch Regierungspräsident geworden und hatte am 13.03.1933 Friedrich Krebs als Frankfurter NS-Oberbürgermeister kommissarisch eingesetzt; zu Zschintzsch siehe Stemmler, Vermessung, S. 92, 161.
[199] Regierungspräsidium Darmstadt, Dezernat I 13 - Justiziariat, Stiftungen, Enteignungen, Akte zur Stiftung, vom 10.08.1965.
[200] Siehe Stiftung Wegscheide, 7, Protokoll Vorstandssitzung, vom 16.02.1939, Punkt 2.
[201] Schulamt 5.051.

geschah auch 1939, unterzeichnet vom Vorstand durch Jaspert, Wagner, Keller, Werner Fischer-Defoy und Müller.[202]

Mit dem Krieg übernahm die Wehrmacht das Gelände; es war nun von Kriegsgefangenschaft, Zwangsarbeit und vielfachem Tod gekennzeichnet.[203] 1965 wurde anscheinend die ursprüngliche Stiftung öffentlichen Rechts in eine Stiftung bürgerlichen Rechts umgewandelt.[204]

Für den Bürgerausschuß e.V. wirkte in der Wegscheide GmbH und dann der Stiftung Oberlandesgerichtsrat Dr. jur. Ernst Wagner (1877-1945). Er ist DNVP-Mitglied gewesen und gehörte dem Reichsbürgerrat an, „einer Kampforganisation gegen den Marxismus". Er war aktiv in der Nationalsozialistischen Kulturgemeinde.[205] Beruflich wirkte er als Richter am Frankfurter Oberlandesgericht, wo er dann auch am Erbgesundheitsobergericht urteilte. Er war somit verantwortlich für Zwangssterilisationen, welche „tief und ethisch inakzeptabel in die Menschenwürde und das Grundrecht auf körperliche Unversehrtheit" eingriffen.[206] Wagner schied am Gericht zum November 1938 aus gesundheitlichen Gründen aus, blieb aber noch bis mindestens September 1940 verantwortlich für die Stiftung tätig.[207] Wilhelm Polligkeit war tonangebend, solange die Zentrale für private Fürsorge im „Dritten Reich" Gesellschafterin der Kinderdorf Wegscheide GmbH war. Er war ein

---

[202] Siehe Sammlung Ortsgeschichte, S3/M1111.999: [ohne Autor], Wegscheide, S. 41. Der Frankfurter NS-Sozialdezernent Fischer-Defoy war NSDAP-Mitglied.

[203] Die seitdem erfolgte historische Aufarbeitung von Zwangsarbeit, Mord und Vertuschungen war nicht ohne Konflikte möglich, siehe z. B. Sammlung Ortsgeschichte, S3/M 25.407, Zeitungsausschnitt von 1989 „Spessarthaus wird nicht abgerissen"; Gesamtverzeichnis der Bücher und Broschüren in der Handbücherei der Forschungsstelle NS-Pädagogik an der Goethe-Universität Frankfurt am Main, Webseite, [Stand: 31.03.2018], Nr. 2856, Konvolut zu „Wegscheide" (Frankfurter Schullandheim in Bad Orb).

[204] 1950 wurde die Stiftung auf Englisch als „public endowment" bezeichnet, siehe MA 7.816, Stiftungsvorsitzender an McCloy, vom 17.10.1950, Bl. 3. Das Regierungspräsidium Darmstadt hat zum Vorgang von 1965 keine Auskunft erteilt.

[205] Nachweise und Zitat siehe Gruenewaldt, Richterschaft, Tübingen 2015, S. 295, 301 - Anm. 82, 303, 320f. - Anm. 156.

[206] Nachweis und Zitat siehe Falk, Entnazifizierung, S. 199, S. 199 - Anm. 873. „Die Ausbildung der an den Erbgesundheitsgerichten tätigen Richter wurde u. a. vom Reichsrechtsamt der NSDAP und dem Rassenpolitischen Amt der Reichsleitung der NSDAP mit rassenpolitischen Lehrgängen durchgeführt", Gruenewaldt, Richterschaft, S. 69 - Anm. 95.

[207] Siehe Gruenewaldt, Richterschaft, S. 280; Schulamt 5.065, vom September 1940.

Sozialmanager, der sich in der NS-Zeit erhoffte, Ideen und Vorhaben realisieren zu können, die massiv die Menschenrechte und Persönlichkeitsrechte der Betroffenen verletzten. „Einerseits ist Polligkeits Handeln von seiner Sozialutopie der Möglichkeit einer nach rationalen Kriterien zu ordnenden Gesellschaft bestimmt. Auf der persönlichen Ebene dürften andererseits die äußerst umfangreichen Handlungsfelder, personalen Beziehungsgeflechte und Einflussmöglichkeiten zu einer inneren Einstellung und einem Selbstbild eines quasi allmächtigen virtuosen Managers der Sozialen Frage geführt haben".[208]

Die zentrale Person war damals[209] bei der Wegscheide August Jaspert.[210] Politisch stand Jaspert am äußersten rechten Rand; er war völkisch-militaristisch gesinnt.[211] „An den Ideen der Nationalsozialisten hatte er wohl auch nichts Grundsätzliches auszusetzen."[212] Er gehörte in Frankfurt zu den führenden DNVP-Vertretern, den Steigbügelhaltern für die Hitler-Partei. NS-Oberbürgermeister Krebs schätzte ihn.[213] Er war in Frankfurt ehrenamtlicher Stadtrat der DNVP gewesen von 1924-1928 sowie vom März 1933 bis Ende 1934 bei der Kampffront Schwarz-Weiß-Rot, die im wesentlichen die DNVP war.[214] Vor allem hatte er dem Preußischer Landtag von 1928 bis 1932 angehört sowie dem Provinziallandtag Hessen-Nassau von 1926 bis 1929. „Die Deutsch-Nationale Volkspartei (DNVP) als Repräsentanz des konservativ-monarchistischen Lagers bekämpfte das demokratische System ... Nach anfänglicher begrenzter Kooperation radikalisierte sie sich unter dem Einfluss ihres Vorsitzenden Hugenberg, der ihre republikfeindliche und antisemitische Ausrichtung forcierte und durch

---

[208] Stein, Verwissenschaftlichung, S. 45. Nach wissenschaftlicher Aufdeckung des unseligen Engagements von Polligkeit in der NS-Zeit wurde 1999 beschlossen, die nach ihm benannte Medaille des Deutschen Paritätischen Wohlfahrtsverbandes nicht mehr zu verleihen sowie das dort seinen Namen tragende Institut umzubenennen.

[209] Welche Rolle in jenen Jahren Reinhold Disnosky spielte, den am 22.12.1964 die Frankfurter Neue Presse als „rechte Hand" von Jaspert bezeichnete, siehe Sammlung Ortsgeschichte S3/M 25.407, und der nach 40 Dienstjahren dann als Geschäftsführer verabschiedet wurde, ist noch zu erforschen; siehe zu ihm auch Stiftung Wegscheide 1, vom 05.05. 1947, wonach er als Geschäftsführer „bestellt wurde".

[210] Siehe Stemmler, Jaspert.

[211] Siehe Schulamt 2.174, Jaspert an Keller, Krebs und Lehmann, vom 19.11.1933: „Versuch einer Schulverwaltungsreform in Frankfurt a.M.", Bl. 4, 8, 14.

[212] Tüffers, Magistrat, S. 128.

[213] Ebenso würdigte ihn NS-Bildungsdezernent Keller, so Tüffers, Magistrat, S. 128 - Anm. 307. Es mag sein, daß er beim Gauleiter Sprenger nicht wohlgelitten war.

[214] Siehe Tüffers, Magistrat, S. 122.

Zusammenarbeit mit der NSDAP (Harzburger Front) Hitler in rechtsbürgerlichen Kreisen erst hoffähig machte. Die Koalitionsregierung der DNVP mit der NSDAP unter Hitlers Kanzlerschaft im Januar 1933 markiert das Ende des demokratischen Parteienstaats und den Beginn der nationalsozialistischen Gewaltherrschaft".[215]

In „den zwanziger Jahren argwöhnten demokratische Abgeordnete, daß [auf der Wegscheide, GSt.] ... bisweilen auch nationalistisch gesungen und vormilitärisch exerziert wurde."[216] Vor dem Hintergrund der Gesellschafter kann das nicht überraschen.

Das Kinderdorf Wegscheide war eine Erholungsstätte für Frankfurter Kinder bei Bad Orb. 1934 gab es in der Umgebung feindliche Stimmung gegen den „Wegscheide-Vater" Jaspert. Die Kritik wurde von NS-Personen vorgebracht. Es gab Denunziationen, bei denen der Wegscheidewimpel kritisiert wurde, sowie Klagen, weil Jaspert unter anderem keine Frischmilch abgenommen hatte; diese Anschuldigungen liefen über die NSDAP-Kreisleitung Gelnhausen und den Bürgermeister von Bad Orb. Ein Ziel der Attacken war sicherlich, Jaspert zu verdrängen. Der Frankfurter NS-Oberbürgermeister Krebs setzte sich für ihn ein, indem er an den Bürgermeister von Bad Orb sowie an die Milchwirtschaft Hessen schrieb: „Stadtrat Jaspert hat das Kinderdorf Wegscheide der N.S.V. angeschlossen, die nunmehr Dachorganisation der Wegscheide ist,"[217] als ob damit die NSV die entscheidende Rolle spielte.

Der Konflikt schwelte weiter, denn gut drei Jahre später wandte sich der Adjutant des Gauleiters an Krebs: „Von der Kreisleitung Gelnhausen ist unlängst darauf hingewiesen worden, dass Rektor i/R. Jaspert immer noch als Leiter des Kinderdorfes Wegscheide tätig sei. Der Gauleiter hatte mich beauftragt, in dieser Angelegenheit mit Ihnen in Verbindung zu treten. Wie Sie mir gestern bei dem Zusammensein ... nun erzählten, ist das Kinderdorf Wegscheide in eine Stiftung überführt und Jaspert in der Leitung kalt gestellt worden. Sie erwähnten ferner noch, dass die Überführung in eine Stiftung

---

[215] Webseite des Deutschen Bundestags zu Parteien der Weimarer Republik, [Stand: 06.10.2018].

[216] Sammlung Ortsgeschichte, S3/M 25.406 sowie Sammlung Ortsgeschichte, S3/M 27.565: Schäfer, Kurt, „75 Jahre Kinderdorf Wegscheide", Manuskript, Bl. 2.

[217] MA 7.816, an Bürgermeister, vom 13.09.1934, S. 3 unter „f", sowie fast wortgleich an Milchwirtschaft, vom 13.09.1934, Bl. 1. Zitate zum Vorgang siehe Herd/Sell, Wegscheide, S. 48-56; siehe auch Schäfer, Geschichte, S. 38-40.

aus dem Grunde erfolgt sei, weil die NSV eine Übernahme des Kinderdorfes Wegscheide abgelehnt hatte. Im Auftrage des Gauleiters bitte ich Sie um etwas nähere Darlegung des Sachverhaltes. Insbesondere interessiert sich der Gauleiter dafür, wer jetzt mit der Leitung des Kinderdorfes Wegscheide beauftragt ist, welche Rolle Jaspert dort noch spielt und mit welcher Begründung die NSV die Übernahme des Kinderdorfes abgelehnt hat."[218] Es ist offen, warum anscheinend Krebs behauptet hatte, eine Stiftung sei gegründet worden, da dies noch nicht geschehen war. Daß Jaspert „kalt gestellt worden" sei, trifft ebensowenig zu; hierbei ist davon auszugehen, daß Krebs wohl nur versuchte, Jaspert „etwas aus der Schußlinie zu nehmen".

Im Nationalsozialismus gab es das Bestreben von NS-Organisationen, sich auf Kosten anderer auszuweiten. So strebte die Nationalsozialistische Volkswohlfahrt an, bestehende Kindergärten zu übernehmen. Reichsinnenminister Frick verhinderte, daß sich die NSV städtische Kindergärten einverleiben konnte, aber konfessionelle Kindergärten fielen der NSV anheim.[219] Zum Kinderdorf Wegscheide nennen die Quellen Begehrlichkeiten von verschiedenen Gruppen: allgemein ist die Rede von der NSDAP, im besonderen von der Hitler-Jugend, vom Hauptamt für Erzieher, vom Nationalsozialistischen Lehrerbund und von der NSV.

Der Vorsitzender der Stiftung Wegscheide schrieb 1950 auf Englisch und Deutsch an den Hohen Kommissar John McCloy, die Stiftung sei entstanden, um „das Kinderdorf dem Zugriff der NSDAP zu entziehen".[220] Auch Veröffentlichungen sprechen allgemein von der NSDAP; es ging demnach darum, sie „nicht der NSDAP auszuliefern", „die Übernahme durch die Nazipartei" zu verhindern resp. den „nationalsozialistischen Einfluß ... zurückzudrängen".[221]
Die Hitler-Jugend als Interessent wurde beim Spruchkammerverfahren gegen Müller vom Zeugen „Reinh. Dysnosky" erwähnt: Demnach sollte

---

[218] MA 7.816, vom 14.12.1937.
[219] Vgl. Recker, Volkswohlfahrt, S. 136f.
[220] MA 7.816, vom 17.10.1950, Bl. 3f.
[221] Zitate Schäfer, Geschichte S. 41; Krause-Schmitt/Dreibus/Hemer/Hofmann/ Hundhausen, Wanderbuch, S. 16.

durch die Umwandlung „in eine besondere Stiftung diese dem Zugriff des NSLB und der HJ"[222] entzogen werden.

Das Hauptamt für Erzieher sollte „bei den zuständigen Behörden alle schulischen Belange der NSDAP" vertreten. Es war als reichsweite Einrichtung sehr eng verbunden mit dem NSLB: „Der Leiter des Hauptamtes für Erzieher ist in Personalunion Reichswalter des NSLB." Ihm „unterstehen fachlich Gauämter im Stab des jeweiligen Gauleiters." „Der Leiter des Gauamtes für Erzieher ist in Personalunion Gauwalter des NSLB. Er untersteht disziplinär dem Gauleiter, fachlich dem Hauptamt für Erzieher."[223] Von daher war dies eine Einrichtung, die ein Gauleiter ansprach, wenn er für etwas die Aktivität des NSLB wünschte. Zur Wegscheide wird in der Literatur zitiert: „Bereits im Herbst 1936 hatte die Gauleitung angestrebt, ´das Kinderdorf Wegscheide unverzüglich dem Hauptamt für Erzieher zu unterstellen."[224] Das hätte die Übernahme durch den NSLB bedeutet.

Bruno Müller hatte zu seiner Verteidigung vor der Spruchkammer geschrieben: Der „NS-Lehrerbund versuchte schon 1935[,] das ... Kinderheim Wegscheide unter seinen Einfluss zu bringen. Es ist mir damals gelungen, die Wegscheide in eine besondere Stiftung umzuwandeln ... [und, GSt.] alle Versuche des NS-Lehrerbundes auf Entfremdung der Wegscheide zu vereiteln."[225] Müller nannte als Reaktion auf Vorgänge von 1935 eine Handlung von 1937/38; zusammen mit der merkwürdigen Diktion von der „Entfremdung der Wegscheide" verschiebt sich die Schilderung ins Unwirkliche.

Der Gauleiter habe Ende 1936 für den NSLB versucht, die Wegscheide zu übernehmen, zitiert Kurt Schäfer: „´Abgesehen von einem Barkapital stellt das Kinderdorf einen beachtenswerten Vermögenswert dar, außerdem gibt die Stadtverwaltung Frankfurt/M. jährlich einen bedeutenden Zuschuß an die zu verschickenden Kinder. Um diesen finanziellen Gewinn dem NSLB zu sichern und zu verhüten, daß diese Werte und ihre Auswertungsmöglichkeiten im Sinne unserer heutigen Schullandheim-Auffassung dem NSLB verloren gehen, ist rasches Handeln geboten.´... ´Wenn auch die Wegscheide zur Zeit kein Schullandheim nach unserer

---

[222] HHStAW, 520F, R 4704, K 2185, Bl. 146; Schreibweise hier Dysnosky.
[223] Zitate siehe Reichsorganisationsleiter, Organisationshandbuch, S. 252f.
[224] Schäfer, Geschichte, S. 40f.
[225] HHStAW, 520F, R 4704, K 2185, Bl. 104; siehe auch ebenda, Bl. 74.

Auffassung ist (weder nach Form noch Inhalt), so muß doch versucht werden, ein derartig wertvolles Besitztum und eine solch vorzügliche Gelegenheit, die Frankfurter Schulen schullandheimmäßig zu erfassen, so sicher wie möglich und so rasch wie möglich in unsere Betreuung zu bekommen.'".[226] Der materielle Gewinn ist zweifelhaft, weil Schäfer selbst feststellt: „Grund und Boden waren bis 1950 vom Reich gepachtet, ebenso die drei Steinhäuser im Unterdorf, die dem preußischen Staat gehörten; die Baracken waren bereits Eigentum der Gesellschaft."[227] Müller schrieb nach dem Krieg, daß die GmbH bis 1938 „ein Eigenkapital von etwa 250.000 RM angesammelt hatte".[228] Dabei wird er sich auf seine Aussage an den NS-Oberbürgermeister vom 15. Januar 1938 bezogen haben, wonach sie am 1. Januar 1937 ein Vermögen von 288.700 RM, „darunter 99.000 RM in bar" besessen hätte. Gemäß Akten zur Stiftung hatte diese zum 31. Dezember 1938 nur knapp 100.000 RM, davon in einem Reservefonds fast 40.000 RM sowie gut 35.000 RM an „Rückstellungen für Reparaturen".[229] Und das blieb bis 1945 unter Schwankungen auch so;[230] dabei soll sie 1940 Einrichtungen und „Vermögen" einer Stiftung für Kleinkinder erhalten haben, wobei es sein kann, daß diese Jahresangabe unzutreffend ist.[231]

Ggf. stellte sich der von NS-Organisationen anfangs gesehene finanzielle Vorteil als ein Irrtum heraus, weshalb möglicherweise dann das Interesse erlahmt war. Denn das Kapitalvermögen mußte im Verhältnis zu den laufenden Ausgaben gesehen werden; bei einem Einbruch der Einnahmen - vielleicht durch eine Aktivität parteiinterner Gegner? - wäre wenig Beute übriggeblieben.

Ist es Stadt und GmbH gelungen, den NSLB allein dadurch von seinem Vorhaben abzubringen, indem „die erzieherische Arbeit der Wegscheide nach den Richtlinien des NSLB unter Aufsicht des Schulamts geführt" werden sollte, wie es Anfang 1937 in einer „Besprechung über die Neuregelung der Rechtsgestalt der Kinderdorf Wegscheide GmbH" hieß?[232]

---

[226] Schäfer, Geschichte, S. 41.
[227] Schäfer, Geschichte, S. 41.
[228] Müller, Stiftungen, S. 140; Müller/Schembs, Stiftungen, S.165.
[229] Nachweise und Zitate siehe MA 7.816; siehe ebenso Stiftung Wegscheide, 1.
[230] Siehe Schulamt 5.065; MA 7.816.
[231] Siehe Müller, Stiftungen, S. 63; Müller/Schembs, Stiftungen, S. 73. Es fehlen zur genannten Stiftung, die der Wegscheide einverleibt wurde, nähere Angaben, so daß sie nicht nachgeprüft werden können.
[232] Zitate siehe MA 7.816, vom 06.10.1937, Bl. 1.

Mit der NSV war ein neuer, aggressiver Mitbewerber im Sozialwesen aufgetreten. 1934 zeigte der NSV Interesse an dem Kinderdorf. Der NS-Oberbürgermeister Krebs fragte Jaspert: „Wie stehen Sie zur Frage einer etwaigen Uebernahme des Kinderdorfes Wegscheide durch die N.S.-Volkswohlfahrt Kreisamtsleitung Frankfurt und g.F. welche Ansprüche (nur roh umrissen) würden von der Wegscheideverwaltung, wenn sich die N.S.Volkswohlfahrt zur Uebernahme bereitfände und die Wegscheide G.m.b.H. sich zur Abgabe des Kinderdorfes bereitfinden würde, gestellt? Zu diesem Punkt bemerke ich, dass es sich zunächst nur um eine Erwägung handelt, die selbstverständlich einer eingehenden Ueberprüfung bedarf."[233] Die erste Aktion zur Verteidigung war eine wohl ausschließlich deklamatorische Unterordnung. Denn Jaspert antwortete wenige Tage später dem NS-Oberbürgermeister:„Zur Frage der Uebernahme des Kinderdorfes teile ich mit, dass ich als Geschäftsführer das Kinderdorf Wegscheide der NSV angeschlossen habe. Die NSV ist die Dachorganisation der Wegscheide. (Vgl. den Titelkopf dieses Briefes.)"[234] So teilte es Krebs dann dem Bürgermeister von Bad Orb und der Milchwirtschaft Hessen mit.[235] Die zweite Maßnahme wird drei Jahre später die Behauptung gewesen sein, die NSV habe an der Wegscheide kein Interesse gehabt. So gab der Adjutant des Gauleiters in einem Schreiben an Krebs dessen Argument wieder: „Sie erwähnten ferner noch, dass die Überführung in eine Stiftung aus dem Grunde erfolgt sei, weil die NSV eine Übernahme des Kinderdorfes Wegscheide abgelehnt hatte. Im Auftrage des Gauleiters bitte ich Sie um etwas nähere Darlegung des Sachverhaltes. Insbesondere interessiert sich der Gauleiter dafür, ... mit welcher Begründung die NSV die Übernahme des Kinderdorfes abgelehnt hat."[236] Nun kam wohl eine Verzögerungstaktik hinzu: Zwar existieren als mögliche Antwort Entwürfe aus dem Januar 1938 auf der Basis eines Textes von Bruno Müller[237] und es hieß, der Brief „ist am 14.1.38 nach Wiesbaden abgegangen." Aber der Adjutant des Gauleiters fragte im Februar 1938 nach, da er „bislang noch keine Antwort erhalten"[238]

---

[233] MA 7.816, vom 04.09.1934, Anlage, Bl. 1verso, Punkt 6.
[234] MA 7.816, vom 08.09.1934, Bl. 2, Punkt 6.
[235] Siehe MA 7.816, vom 13.09.1934, S. 3 unter „f"; vom 13.09.1934, Bl. 1verso.
[236] MA 7.816, vom 14.12.1937.
[237] Siehe MA 7.816, vom 13.01.1938verso, vom 15.01.1938; ebenda, Müller an NS-Oberbürgermeister, vom 03.01.1938: „Deswegen wird die Wegscheide jetzt auch als Schullandheim bezeichnet."
[238] MA 7.816, vom 25.02.1938.

habe. Dabei ging man in Frankfurt davon aus, daß „die Genehmigung zur Gründung erst in einiger Zeit zu erwarten ist"; sie erfolgte am 5. Dezember 1938. Es gab dann von seiten des NS-Oberbürgermeisters einen Zwischenbericht über den Regierungspräsidenten am 4. März 1938. Es finden sich kleine Notizen zu Wiedervorlagen zum Vorgang im Mai, Juni, Juli, August, Oktober, November, Dezember sowie Januar 1939.[239] Zum Januar 1939 war eine Antwort für den NS-Oberbürgermeister verfaßt worden, die über den Regierungspräsidenten an die Gauleitung bestimmt war und eine dritte Argumentationsvariante darstellte: „Die NSV. hatte sich zunächst bemüht, den Betrieb der Wegscheide zu übernehmen. Sie hat aber später davon abgesehen, nachdem sie sich davon überzeugt hatte, dass die Wegscheide kein reines Wohlfahrtsunternehmen bildet, sondern dass es sich um ein Schullandheim handelt."[240] Aufgrund der fehlenden Datumsangabe sowie der Verfügung auf dem Brief: „nicht abs. ablegen" ergibt sich, daß er nicht abgeschickt worden ist; der Grund ist sehr wahrscheinlich die zwischenzeitlich erfolgte Genehmigung der Stiftung. Möglicherweise war das Interesse der NSV nicht besonders groß, so daß es gelang, die NSV mit einen Argument auszuspielen, das dem NSLB hätte nutzen können.[241] Dieses Argument brachte der Vorsitzende der Stiftung 1950 gegenüber dem Hohen Kommissar McCoy vor: „Während wir nicht nur schon früher Erholungsarbeit leisteten, sondern den Nachdruck auf die erziehliche Einwirkung legten, war die NSDAP der Ansicht, Erholungsarbeit sei ausschliesslich Sache der NSV."[242] Im Widerspruch zu diesem Argument steht nun eine Information aus dem Heft „Wegscheide 1920-1940", wonach die „NSV. in Bad Orb an[gerufen habe, GSt.] wegen 6 Freistellen. Wir geben ihr zur Antwort ... wenn uns die Gauamtsleitung Hessen-Nassau wieder in das Reichsverzeichnis für Kindererholungsheime aufnimmt, nachdem es die Reichsleitung ... schon genehmigt hat."[243] Wie verträgt sich der erstrebte Status eines Kindererholungsheims mit der Betonung auf und die begriffliche Umwandlung in ein Schullandheim? Diese Funde lassen vieles offen: Was bedeutete der behauptete Anschluß an die NSV von 1934? Wer hatte auf Seiten der NSDAP bezüglich der Wegscheide welche

---

[239] Siehe MA 7.816, vom 04.03.1938recto und verso.
[240] MA 7.816.
[241] MA 7.816, vom 03.01.1938.
[242] MA 7.816, vom 17.10.1950, Bl. 3f.
[243] Sammlung Ortsgeschichte, S3/M1111.999: [ohne Autor], Wegscheide 1920-1940, S. 17.

Wünsche? Wie stark hatte sich die NSV zum Beispiel bis 1937 bemüht, die Wegscheide zu übernehmen? Hatte allein der Hinweis gereicht, die Wegscheide sei ein Schullandheim, um die NSV von diesen Plänen abzubringen? Spielte dabei Bruno Müller, eine Rolle?[244] Warum hatte laut Adjutant des Gauleiters der NS-Oberbürgermeister bereits Ende 1937 behauptet, die Wegscheide sei schon in eine Stiftung umgewandelt und Jaspert „kalt gestellt worden"? Wieso hatte der NS-Oberbürgermeister seine Briefe an den Gauleiter über den Regierungspräsidenten laufen lassen? Geschah dies nur formal wegen der bereits beantragten Umwandlung in eine Stiftung? Und hat die offizielle Genehmigung der Stiftung Gauleiter und NSV von ihrem Kurs abgebracht?

Nach dem Kriegsende gab es eine Korrespondenz der Stiftung, welche NS-Organisationen in bezug zu Umwandlung der Rechtsform der Wegscheide nicht erwähnten.[245] Dies war auch noch am 21. Juli 1949 der Fall im Schreiben des Vorsitzenden an den Ministerpräsidenten.[246] Noch Monate und Jahre später wurde in diesem Kontext dieses Argument nicht verwendet.[247] Aber am 21. Juli 1949 war im Entwurf an den Regierungspräsidenten, Abt. Erziehung und Unterricht, unter dem „Betr.: Staatszuschuss für das ´Frankfurter Schullandheim Wegscheide´" argumentiert worden: „Die Form der G.m.b.H. wurde nach 1933 aufgehoben, um die Übernahme durch die NSV zu verhindern. Es wurde eine Stiftung öffentlichen Rechts ... gegründet, die in enge Verbindung mit der Stadtverwaltung kam."[248] Ebenso wurde nun an den Regierungspräsidenten am 24. August 1949 argumentiert sowie unter demselben Datum an den Kultusminister wie auch einen Tag später an den Paritätischen Wohlfahrtsverband sowie 1950 an McCloy 1950.[249]

---

[244] Siehe HHStAW, 520F, R 4704, K 2185, Bl. 74.

[245] Siehe Schulamt 5.065, Müller als „Verwaltungs- und Wirtschaftsberater", vom 10.05.1946; Müller als Berater im „Gutachten über Eigentumsverhältnisse des Lagers Wegscheide", vom 20.05.1946, S. 2, Punkte 8-10.

[246] Siehe Schulamt 5.065, vom 21.07.1949.

[247] Siehe Schulamt 5.065, Seliger an Ortskrankenkasse, vom 16.08.1949; „30 Jahre Wegscheide", Bl. 2 (der Text ist vermutlich von 1950); Müller, Stiftungen, S. 140; Müller/Schembs, Stiftungen, S. 165.

[248] Schulamt 5.065, vom 21.07.1949.

[249] Siehe Schulamt 5.065.

In einem Artikel von 1957 - der vielleicht von Müller stammt - wurde zu diesem Vorgang geschrieben: „1938 wurde die G.m.b.H. in eine gemeinnützige Stiftung umgewandelt, um sie vor dem Zugriff der NSV bewahren. [Absatz, GSt.] Große Sorge bereiteten früher die ungeklärten Eigentumsverhältnisse der Grundstücke auf der Wegscheide. Der ehemalige Truppenübungsplatz war Eigentum der Reichsvermögensverwaltung und die Grundstücke waren daher nur an die Stiftung verpachtet. Infolgedessen konnte man sich nicht gegen eine Beschlagnahme wehren, was sich .. 1939 geltend machte, als ein Gefangenenlager dort eingerichtet wurde".[250] Die fundamentale Schwäche dieses Arguments zeigt sich bei einer solchen kürzeren Narration mit der diachronischen Reihung beider Punkte, weil sie den Widerspruch zwischen einerseits der zweckbezogener Umwandlung in eine Stiftung zum andererseits absehbaren Krieg mit Aufrüstung und folglich großem Raumbedarf deutlich werden läßt. Welchen Sinn machte eine Umwandlung der Rechtsform, wenn man die Einrichtung in absehbarer Zeit verlieren wird? Gegen die Schwäche der Erzählung half weder ein Absatz zwischen beiden Sachverhalten noch die falsche Behauptung von „ungeklärten Eigentumsverhältnisse[n]", die sogleich korrigiert werden mußte. Noch 1958 hatte Müller in seinem Buch zur Frankfurter Stiftungsgeschichte[251] betont, daß „natürlich" „August Jaspert den Vorsitz im Vorstand hatte, sodaß die Organisationsänderung nach außen kaum in Erscheinung trat"[252], was die Bedeutung der Veränderung der Rechtsform minimierte. Aber als 1965 eine neue Stiftungsurkunde bei der

---

[250] [ohne Namen], Schullandheim.

[251] Dann wurde in einer Rezension in den Nachrichten des Deutschen Paritätischen Wohlfahrtsverbandes über Müllers Buch „Stiftungen für Frankfurt" „der Mißbrauch der Stiftungsform durch die damaligen Machthaber" behauptet, siehe DPWV-Nachrichten, 7, 1957, H. 9, S. II [Frontcover innen]. Diesen Literaturhinweis könnte Müller selbst geschrieben haben; er wird kaum ohne sein Mitwissen so formuliert worden sein, da er dort Justitiar und Vorstandsmitglied, hin und wieder Mitautor der DPWV-Nachrichten sowie Träger der Goldenen Ehrenplakette war. Wenn man nun meinte, die Stiftungsform sei auch zum Instrument von Nationalsozialisten geworden, wieso soll sie zuvor eine Schutzeinrichtung und später noch als ernsthaftes Argument in der Nachkriegszeit tragfähig gewesen sein?

[252] Zitate siehe Müller, Stiftungen, S. 140; Müller/Schembs, Stiftungen, S. 165. Müller überhöhte seine Bedeutung, als er behauptete, Jaspert hat „mich in den Vorstand berufen, wo ich gegen alle … mich erfolgreich einsetzen konnte", HHStAW, 520F, R 4704, K 2185, Bl. 74.

Stiftungsaufsicht im Regierungspräsidium geschaffen wurde,[253] argumentierte man: „Den Bestrebungen des NS-Reiches entsprechend sollte auch die Kinderdorf Wegscheide G.m.b.H. in die nationalsozialistische Volkswohlfahrt (NSV) eingegliedert werden. Um dies zu verhindern, errichteten auf den Rat eines wohlmeinenden Frankfurter Stadtrates der Frankfurter Bürgerausschuß ... und Jaspert ... die Stiftung."[254] Es scheint, als ob dieses Argument dann verwendet worden wäre, wenn die Stiftung Wünsche oder Erwartungen an jemanden hatte.

Die Kinderdorf Wegscheide GmbH wird in eine öffentliche Stiftung umgewandelt worden sein, weil es im „Dritten Reich" eine ausgeprägte Antipathie in Bad Orb gegen die zentrale Person des dort angesiedelten Frankfurter Kinderdorfes Wegscheide, August Jaspert, gab. NSV und wohl auch NSLB hatten zeitweise Interesse an einer Übernahme des Kinderdorfes. Aber das Immobilienvermögen der GmbH war minimal, das Kapitalvermögen wahrscheinlich nicht attraktiv im Vergleich zu den laufenden Ausgaben, für die Einnahmen gesichert werden mußten. Vielleicht sah mancher auch die spätere Übernahme des ehemaligen Reichswehrgeländes durch die Wehrmacht im Rahmen der Aufrüstung und der Kriegsvorbereitungen voraus? Es liegen keine Beweise vor, daß die GmbH in eine Stiftung umgewandelt wurde, um sie vor dem Zugriff durch eine NS-Organisation zu schützen. Die Rechtsform einer Stiftung bildete im übrigen 1937/1938 in Frankfurt am Main keinen Schutz vor einem Raub innerhalb des NS-Staates, was NS-Stadtrat Bruno Müller wußte, da er selbst sehr aktiv am NS-Raub jüdischer und sog. paritätischer Stiftungen beteiligt war. Da der Gesellschafter August Jaspert und der Gesellschaftsvertreter Ernst Wagner auf dem rechten Flügel der damaligen Gesellschaft weit außen standen und die Stiftung unter die Hoheit des NS-Staates kam, gab es in der

---

[253] „Die ihr von den Stiftern gegebene Verfassung wurde am 5. 12. 1938 staatlich genehmigt und zugleich die Rechtsfähigkeit verliehen. Der Absicht der Stifter gemäss blieb ihr Werk als selbständige Einrichtung erhalten." „Um die ursprüngliche Verfassung der Stiftung, insbesondere im Hinblick auf die Errichtung weiterer Schullandheime zu verbessern und den modernen Bedürfnissen anzupassen, hat der Vorstand am 15.3.65 die nachfolgende Verfassung beschlossen", Akte zur Stiftung beim Regierungspräsidium Darmstadt, Dezernat I 13 - Justiziariat, Stiftungen, Enteignungen, vom 10.08.1965.

[254] Stadt Frankfurt am Main, Rechtsamt, Stiftungsaufsicht, Akte „Stiftung Frankfurter Schullandheim ´Wegscheide´[.] Band I (Teil R)[,] Allgemeines", „25.2.65". „Vorbemerkung". Der „Stadtrat" wird sich auf Müller selbst beziehen.

politischen Ausrichtung der Leitung vorher und nachher keine weltanschauliche Distanzierung zum Nationalsozialismus, so daß sich eine Widerstandshandlung aus der Umwandlung der Rechtsform nicht ergibt. Eine stimmige Erklärung dafür ist, daß man die Wegscheide vor Angriffen, die sich gegen August Jaspert richteten, schützen wollte, ohne ihn aus dieser Kinderarbeit ausschließen zu müssen.

6. Buch zur Frankfurter Stiftungsgeschichte

Im Jahre 2006 erschien unter den Autorennamen Bruno Müller und Hans-Otto Schembs ein Buch mit dem Titel „Stiftungen in Frankfurt am Main. Geschichte und Wirkung". Es ist eine mit einer Aktualisierung ergänzte Fassung des Buches von Bruno Müller „Stiftungen für Frankfurt am Main" aus dem Jahr 1958. Im Vorwort von Claus Greve zur Fassung von 2006 erhält man den Eindruck, Müller hätte während des „Dritten Reiches" nicht an dem Buch geschrieben: „Stadtrat Dr. Bruno Müller stand seit 1933 an der Spitze des neugeschaffenen Rechtsamts. Schon viele Jahre vorher hatte der Verfasser mit dieser Arbeit begonnen, sie aber erst nach dem Ende der NS-Zeit weiterführen können."[255] Wie hatte es dazu kommen können, daß Müller 1958 ein solches Buch veröffentlichte?

In der Anfangszeit der NS-Herrschaft in Frankfurt am Main war NS-Oberbürgermeister Krebs bemüht, Leistungen der Nationalsozialisten der Öffentlichkeit zu präsentieren. So wünschte er wiederholt von der Stadtverwaltung, daß an die Presse Erfolgsmeldungen gegeben werden. Nach einem Jahr NS-Regierung legte Müller zu diesem Zweck einen Text zum Thema „Die Stadt der Stiftungen" von fast 8 Manuskriptseiten vor. Dies bildete wohl die Urzelle für das Buch zur Stiftungsgeschichte.
Es sind keine Hinweise bekannt, daß Müller sich zuvor mit diesem umfangreichen Thema befaßt habe: da er auf eine große Karriere zielte und sich dafür sogar zur Wahl für die Ämter des Stadtkämmerers und des Bürgermeisters gestellt hatte, ist nicht davon auszugehen, daß er seine Energien für die mühselige Detailarbeit einer solchen historischen Studie einsetzen wollte.

---

[255] Müller/Schembs, Stiftungen, S. 14.

Nach diesem Manuskript wird bald die Idee aufgekommen sein, aus dem ersten Überblick eine größere Studie zu entwickeln. NS-Oberbürgermeister Krebs stellte dieses Ziel im städtischen Verwaltungsbericht für 1934/35 vor: „habe ich die Ausarbeitung einer Geschichte aller Frankfurter Stiftungen veranlaßt. Die Einzelarbeiten haben bereits gezeigt ..., wie notwendig .. eine zusammenfassende Uebersicht ist."[256] Karin Neubauer und Karin Haab meinen demgemäß im einschlägigen Findbuch des Instituts für Stadtgeschichte, daß das Buch vom „Oberbürgermeister Krebs verfügt" worden sei. Das Archiv verfügt über „zahlreiche Manuskripte", welche „Vorstudien zu Müllers Geschichte der Frankfurter Stiftungen darstellen".[257] Diese stammten aus der Zeit des „Dritten Reiches".

In den städtischen Verwaltungsberichten der NS-Zeit finden sich weitere Angaben zu diesem Projekt. Für das Haushaltsjahr 1935/36 hieß es: „Die Vorarbeiten für die Herausgabe der Geschichte aller Frankfurter Stiftungen konnten weiter gefördert werden."[258] Für das kommende Haushaltsjahr wurde mitgeteilt: „Die Stiftungsgeschichte wurde weiter bearbeitet, konnte aber noch nicht abgeschlossen werden."[259] Dabei liegt eine „Allgemeine Stiftungsgeschichte" mit der per Hand angefügten Jahresangabe „1936" sowie „von Dr. Müller" vor.[260] „Die Stiftungsgeschichte steht nahe vor der Fertigstellung", schrieb Müller an den NS-Oberbürgermeister am 19. Juli 1937. Es gibt einen Vermerk vom 1. April 1938, der eine „ausgearbeitete Stiftungsgeschichte" erwähnt, die laut NS-Oberbürgermeister noch „kritisch zu lesen" sei. Dies hat wohl ein Dr. Kilber getan, auf dessen Aussagen hin anscheinend der NS-Oberbürgermeister vorbrachte: „Weiter scheint es mir zweckmässig zu sein, mit der Herausgabe des Werkes zu warten, bis die Teilung der gemischten (christlichen und jüdischen) Stiftungen durchgeführt ist."[261] In einem Rechenschaftsbericht nach sechs Jahren NS-Herrschaft vom März 1939 unter dem Titel „Aufbauarbeit 1933-1938" erklärte Müller zur Stiftungsabteilung, daß sie beauftragt worden sei, „eine zusammenfassende Darstellung der Entwicklung des Stiftungswesens in Frankfurt/M. auszuarbeiten". An dieser Stelle machte Müller deutlich, wie ernsthaft das

---

[256] Verwaltungsbericht, Haushaltsjahr 1934/35, S. 18.
[257] Zitate siehe Neubauer/Haab, Findbuch, S. IV.
[258] Verwaltungsbericht, Haushaltsjahr 1935/36, S. 19.
[259] Verwaltungsbericht, Haushaltsjahr 1936/37, S. 21.
[260] Zitate siehe Stiftungsabteilung 466, Bl. 1-67, hier Bl. 1.
[261] Zitate siehe MA 9.420, vom 19.07.1937; Hauptverwaltungsamt, vom 01.04.1938; Oberbürgermeister an Müller, vom 02.04.1938.

Projekt war: Denn für „die Drucklegung der Stiftungsgeschichte" seien „bereits in den Haushaltsplänen der beiden letzten Jahre insgesamt 7.000 RM bereitgestellt"[262] worden. In einem Vermerk von Müller aus dem Frühjahr 1941 steht: „Herr Oberbürgermeister hat mit mir über die Stiftungsgeschichte gesprochen. Offenbar ist er noch nicht dazu gekommen, in den vergangenen 3 Jahren den überreichten Teil der Stiftungsgeschichte selbst durchzulesen." Müller riet ihm, darauf zu verzichten, da er „diesen Teil ... noch umgearbeitet habe", weshalb Krebs ihn „zurückgegeben"[263] hätte.

Warum damals ein Buch zur Frankfurter Stiftungsgeschichte nicht veröffentlicht wurde, ist offen. Es erschien erst 1958. Wie erläuterte Müller nach der NS-Zeit die Entstehung des Buches? 1950 hatte er an den Oberbürgermeister einen Bettelbrief geschrieben, in dem er behauptete: „Ich hatte bereits einen ersten Entwurf im Jahre 1943 nahezu fertiggestellt, konnte aber dann die Angelegenheit nicht mehr weiterverfolgen, weil der damalige Gauleiter zur Bedingung machte, dass der Anteil der Juden an den Frankfurter Stiftungen nicht erwähnt werden dürfte. Unter dieser Bedingung war die Herstellung einer wahrheitsgemässen Stiftungsgeschichte nicht möglich."[264] Weiter gab er vor, er habe „nach dem Jahre 1948 diese Arbeit wieder aufgenommen und den früheren sehr ausführlichen Entwurf wesentlich kürzer gefaßt". Müller setzte in einer weiteren Aussage letztlich den Beginn in die NS-Zeit: „Von einem Ihrer Herren Amtsvorgänger war mir der Auftrag erteilt worden, eine Geschichte der Frankfurter Stiftungen zu verfassen."[265] Während er in dem Schreiben mitgeteilt hatte, er habe „nach dem Jahre 1948" sich mit dem Manuskript befaßt, hatte er aber bereits 1947

---

[262] Zitate siehe Stiftungsabteilung 1.031, Bl. 4f.

[263] Zitate siehe MA 9.420, vom 26.05.1941.

[264] Kulturamt 829, vom 10.11.1950. Die Stadt schlug die Bitte auf einen Druckkostenzuschuß ab und verwies dazu auf Manuskripte, für die bereits früher darum gebeten worden war.

[265] Zitate siehe Kulturamt 829, vom 10.11.1950. Theoretisch hätte dies auch Oberbürgermeister Ludwig Landmann sein können; aber dies fügt sich weder in Müllers Vita noch in die Zeit Landmanns ein, hingegen in die Schaffung der Stiftungsabteilung sowie die zahlreichen Einführungen neuer Ehrungen durch die Frankfurter Nationalsozialisten.

für das Berufungsverfahren bei der Spruchkammer behauptet, er habe zwischenzeitlich am Buch zur Geschichte der Stiftungen weitergearbeitet.[266] Für die Nachkriegszeit gibt es weitere Hinweise zum Entwicklungsstand des Buches: Die Frankfurter Neue Presse berichtete im Februar 1954, Müller habe „eine Stiftungsgeschichte geschrieben, die aber noch nicht veröffentlicht ist."[267] Die Stadtkanzlei erklärte 1957, „die Geschichte der Frankfurter Stiftungen [sei, GSt.] weitgehend fertiggestellt. Es bleibt nur noch verhältnismäßig wenig zur Drucklegung zu tun."[268] Liegt hier eine sachliche Ungenauigkeit vor, oder hatte Müller zwischenzeitlich den Text nochmals überarbeitet? Warum war das Manuskript 1954 „geschrieben" worden, während es 1957 noch nicht abgeschlossen war?

Im Vorwort des Buches von 1958 behauptete Müller, die „Arbeit kann erst jetzt, mehr als 20 Jahre nach ihrem Beginn", erscheinen. Demnach hätte er erst einige Zeit vor 1938 damit begonnen. Dies verweist den Beginn schon in die NS-Zeit – damit auf den OB-„Amtsvorgänger" Krebs. Wollte er mit dieser Zeitangabe dieses Vorhaben als eine Reaktion auf die Ausplünderung der Stiftungen oder auf die Reichspogromnacht darstellen? Diese Spekulation paßt jedoch nicht zu seiner Erläuterung im Vorwort, warum das Buch erst 1958 erscheine: „da in der Zeit der NSDAP-Herrschaft die vielen jüdischen Stiftungen hätten weggelassen werden müssen",[269] was er angeblich nicht gewollt habe.

1938 kann nicht der Beginn des Projektes gewesen sein, wie die Akten und Veröffentlichungen aus den ersten Jahren des NS-Regimes belegen.

Müllers Begründungen von 1947, 1950 und 1958, aus Rücksichtnahme auf die jüdischen Stiftungen sei es nicht zum Abschluß gekommen, hört sich zeitbedingt an wie sein Text von 1939 zur „Aufbauarbeit 1933-1938", als er bezogen auf das Jahr 1936 geschrieben hatte: „Bei dieser Gelegenheit konnten auch die verschiedenartigen Verquickungen mit jüdischen Bestrebungen und Einflüssen, deren Einströmen etwa seit der Mitte des

---

[266] Dabei behauptete er, daß es „während der NSDAP.-Zeit nicht erscheinen durfte, weil der Gauleiter eine ´Verherrlichung von jüdischen Stiftungen[´] untersagte", HHStAW, 520F, R 4704, K 2185, unter dem 22.03.1947, Bl. 165verso.

[267] PA 65.185, Bl. 306, Frankfurter Neue Presse, vom 16.02.1954; Sammlung Personengeschichte S2 1.422.

[268] PA 65.185, Bl. 317, Stadtkanzlei, vom 14.02.1957; siehe auch, Bl. 320, 322, 330, 337f.

[269] Zitate siehe Müller, Stiftungen, S. 12.

vorigen Jahrhunderts festzustellen ist, wieder beseitigt werden."[270] War diese antisemitische Aussage nur Müllers damalige Überzeugung? Oder war dies seine durchgängige Anschauung, seine Haltung, die er später vermutlich nicht mehr offiziell geäußert hat? Oder war dies nur ein Kotau vor seinen Parteigenossen? Schließlich war Müller Mitglied der NSDAP gewesen.

Wenn Müller 1950 den Gauleiter als die verantwortliche Person benennt, warum es 1943 nicht zur Veröffentlichung gekommen ist, so widerspricht dies seiner Aussage von 1939.

Vor allem entspricht die Schuldzuweisung an den Gauleiter dem Großen Frankfurter Nachkriegsnarrativ, wonach der Gauleiter für alle Untaten letztlich verantwortlich gemacht wurde und wird. – Schließlich konnte er sich nach seinem Selbstmord nicht mehr verteidigen. - So wurde es zu einer eingängigen Erzählung: Der Oberbürgermeister, als Feind des Gauleiters, und die Stadträte, die sich wechselseitig gestützt hätten, erklärten mit der Stadtelite, anständig geblieben, zumeist unschuldig, oder sogar NS-Gegner gewesen zu sein.

In Anbetracht früherer Fassungen ist Skepsis angebracht, ob Müllers Behauptung von 1950, er habe den „nahezu"[271] fertiggestellten ersten Entwurf von 1943 dann 1948 abgespeckt, sachlich zutrifft. Sowohl 1950 als auch für das Vorwort hatte Müller die Akten der Stiftungsabteilung zur Verfügung; er konnte also die fraglichen Abläufe rekonstruieren. Sein Werkvertrag bis Ende September 1957 war auch für „Restarbeiten" wie ein Vorwort vorgesehen.

Und Müller verfügte teilweise über Unterstützung: Er nennt mit Namen im Stiftungsgeschichtsbuch, wonach ihm „die Herren Amtmann Klöppel und Rechtsanwalt Dr. Bieber weitgehend geholfen"[272] hätten. Der Druck wurde 1958 durch die „Adolf- und-Luisa-Haeuser-Stiftung" „entscheidend" ermöglicht, die ihn „finanziert" hatte.[273]

Müllers Buch „Stiftungen für Frankfurt am Main" kann als offiziöses Handbuch zur Geschichte der Frankfurter Stiftungen angesehen werden. Eine kursorische Lektüre zeigt, daß sowohl die Zerstörung und der Raub

---

[270] Stiftungsabteilung 1.031, vom 24.03.1939.
[271] Kulturamt 829, vom 10.11.1950.
[272] Müller, Stiftungen, S. 11.
[273] Zitate siehe Müller, Stiftungen, S. 13; PA 65.185, Bl. 318.

jüdischer Stiftungen als auch die Rolle der NS-Stadtregierung und des Hauptakteurs Bruno Müller in der Darstellung eklatant sachwidrig zu kurz kommen. So ist es bezeichnend, wie Müller die Enteignung der Rothschild-Stiftungen am Rande erwähnt: Er schreibt nur unter dem Hinweis, daß das Vermögen von „mehr als 50 gemeinnützige[n] Organisationen mit über 8 Millionen Reichsmark Kapital" an die Reichsvereinigung und schließlich 1943 „an das Reich" gegangen sei, „darunter auch die meisten großen Stiftungen der Familie Rothschild".[274]

7. Goldenes Buch der Stiftungen

Die Stadt Frankfurt am Main hat etwas, das nur wenige Kommunen besitzen: ein „Goldenes Buch der Stiftungen". Und Bruno Müller hatte dem NS-Oberbürgermeister die Idee im Dezember 1933 unterbreitet, ein solches „Goldenes Buch der Frankfurter Stiftungen" einzuführen.[275] Im Mai 1934 stellte das „Städtische Anzeigeblatt" Müllers Vorschlag als eine Initiative des NS-Oberbürgermeisters Friedrich Krebs vor, wonach „aus Zusammenlegungen entstehende wie auch alle neuen Stiftungen von einem bestimmten Vermögensumfang an nunmehr in das ‚Goldene Buch der Stiftungen' eingetragen werden, dessen Entwurf und Herstellung er eigens für diesen Zweck veranlaßt hat."[276] Es dauerte jedoch bis März 1936,[277] bis dieses Unikat vorlag. Müller hatte erklärt, es solle eingangs in Formschrift geschrieben werden, daß das Goldene Buch der Stiftungen sich auf Stiftungen seit „dem 30. Januar 1933" beziehe.[278] - Müller wollte somit sichtbar dem „Dritten Reich" den Ruhm für ein solches Gedenkbuch geben. - Der erste Eintrag erfolgte am 24. Dezember 1936 durch das „Hilfswerk des Oberbürgermeisters". Der Kontext von Müllers Aktivität vermittelt den

---

[274] Zitate siehe Müller, Stiftungen, S. 165; Müller/Schembs, Stiftungen, S. 191.

[275] Siehe Stemmler, Buch, S. 163f.; Stiftungsabteilung 141, Bl. 3; Roth, Aufstieg, S. 126.

[276] Städtisches Anzeigeblatt, 18.05.1934, Nr. 21, S. 259. Am 11.04.1934 hatte Müller dem Oberbürgermeister einen Text geschickt: „Die Stadt und die Stiftungen". Dabei hatte Müller mögliche Anschuldigungen vorab verneint, daß die Stadt Geld von Stiftungen „für sich in Anspruch nehmen" wolle. Peter Peiker danken wir für diese Information.

[277] Siehe MA 9.420, Vermerk, vom 07.03.1936. Es war von Hans Warnecke geschaffen worden.

[278] Siehe MA 9.420, Müller, vom 20.04.1936.

Eindruck, als ob er den Niedergang von Stiftungen sowie dann die Raubzüge in jüdischen Stiftungen durch den Schein städtischer Würdigungen im Goldenen Buch der Stiftungen zu überdecken suchte.

Aber im September 1950 behauptete Müller, in das Goldene Buch der Stiftungen hätten sich „von 1930 an alle grösseren Stiftungen eingetragen".[279] Worauf sich diese divergierende Jahresangabe bezieht, ist nicht nachvollziehbar:[280] Es sind keine Unterlagen mit solchen Überlegungen vor 1933 bekannt. Es ist sehr wahrscheinlich, dass Müller dies absichtlich rückdatiert hat, um das Goldene Buch der Stiftungen als eine Einrichtung aus der Weimarer Zeit erscheinen zu lassen. Es ist davon auszugehen, daß er von seiner propagandistischen Intention ablenken wollte.

---

[279] MA 9.420, Stiftungsabteilung, vom 08.09.1950.

[280] Der Internetauftritt der Stadt Frankfurt präsentierte über viele Jahre [noch am 25. April 2019] Erläuterungen zum Goldenen Buch der Stiftungen; der Text war ergänzt worden, als 2014 Reproduktionen sämtlicher Blätter zur Betrachtung angefügt wurden. Dabei hieß es zur Einführung dieses Gedenkbuches: „Goldenes Buch der Stiftungen in Frankfurt am Main ... Zwar hat das Stiftungswesen in Frankfurt eine große und lange Tradition, aber das Goldene Stiftungsbuch wurde erst ca. 1930 angelegt. ... Sein Dasein verdankt das Frankfurter Stiftungsbuch einem nicht nur für das Mäzenatentum eher unerfreulichem Anlass. Durch die Inflation zu Beginn der zwanziger Jahre dieses Jahrhunderts [sic, GSt.], die auch das Vermögen zahlreicher Stiftungen aufgezehrt hatte, waren viele dieser mäzenatischen Einrichtungen entweder ganz weggefallen oder sie mussten mit anderen Stiftungen zusammengelegt werden, weil das Kapital der Einzelstiftung auf ein Minimum zusammengeschrumpft war. Die Stadt Frankfurt legte deshalb zum Gedenken an die erloschenen Stiftungen und ihre Spender ein ´Erinnerungsbuch der Stiftungen in Frankfurt am Main´ an, und als Ergänzung zu diesem Erinnerungsbuch richtete die Stadt dann im Jahre 1930 auch für künftige Stiftungen ein Gedenkbuch ein, das ´Goldene Buch der Stiftungen´. Es vergingen aber drei Jahre, bis die erste Stiftung in das neue Buch eingetragen wurde: das ´Hilfswerk des Oberbürger-meisters´ [sic, GSt.] der Stadt Frankfurt". Da bekanntermaßen der erste Eintrag 1936 erfolgte und 0 + 3 nicht 6 ergibt, zeigt sich, daß die ursprüngliche Fassung dieses Textes die Jahreszahl 1933 hatte. Es kann nur spekuliert werden, wer alles wie daran beteiligt gewesen ist, die zwei Jahresangaben von 1933 auf 1930 zu ändern und wer, eine Korrektur dieses Fehlers zu verhindern. (Darüber hinaus sind hier Angaben zum Erinnerungsbuch fehlerhaft.) Ein Zeitungsartikel führte schließlich zum Ende der Falschaussage: Walburg, Buch, [mit Abb. „Original-Innenblatt"]. Es gab zuerst eine teilkorrigierte Fassung der Stadt, [Stand: 30.04.2019], bei der die erste Angabe „ca. 1930" geändert wurde in „erst in den Dreißiger Jahren" und die zweite Angabe „im Jahre 1930" gestrichen wurde. Nach einer Auftragsarbeit an das Institut für Stadtgeschichte: Bauer, Buch, konnte der Journalist Jürgen Walburg in der Überschrift melden: ‚Stadt korrigiert falsche Angabe".

Denn in Akten finden sich Angaben zu Müllers Mitwirkung während der NS-Zeit: Er behauptete in einem Artikel für die städtische „Pressestelle" vom 11. April 1934, der sich mit der „Revision der Stiftungen" befaßt: „Schon vor dem Kriege ist in Frankfurt a/M. bei grösseren Stiftungen und Spenden eine Eintragung in ein ́Buch der Stifter ́ vorgenommen worden. Dieser Anfang wird nunmehr ausgebaut werden zu einem ́Goldenen Buch der Stiftungen ́, in dem alle die Stiftungen vermerkt werden, die jetzt aufgrund des preussischen Gesetzes zur Zusammenlegung kommen".[281] Dieser „Anfang" lag „vor dem Kriege", also vor 1914. Und er wurde „nunmehr ausgebaut", also im „Dritten Reich". - Dabei hatte sich das Konzept gewandelt: von einer Auflistung von Stiftungen zu einem Gedenken an die Stiftungen, die zusammengelegt werden sollten. In der Praxis gab es schließlich ab Dezember 1936 ein anderes Verfahren, nämlich die Tendenz, neue Stiftungen sich in das Buch eintragen zu lassen. – Und 1936 hatte Müller bei seinen Ausführungen zu Frankfurter Stiftungen seine Darstellung über die Entstehung des Goldenen Buches der Stiftungen auf die NS-Zeit beschränkt;[282] auch das spricht bedingt gegen frühere Wurzeln. Müllers Idee ist im Zeitraum 1930 bis 1933 kaum vorstellbar: vom Schwarzen Freitag im Oktober 1929 bis hin zu den Saal- und Straßenschlachten zwischen Nationalsozialisten und Kommunisten und deren Auseinandersetzungen in der Frankfurter Stadtverordnetenversammlung gab es kein kommunales Klima für ein „goldenes" Buch. Hingegen haben die NS-Herrscher im Römer einige „Bücher" und Auszeichnungen, beispielsweise mehrere Ehrenringe eingeführt.[283]

Im Goldenen Buch der Stiftungen ersetzt seit der Nachkriegszeit ein Blatt den Innentitel aus der NS-Zeit, der noch mit dem Frankfurter Stadtwappen, dem Hakenkreuz und der Angabe „Nach dem 30. Januar 1933"[284] geschmückt war, durch die Behauptung: „Frankfurt am Main von 1930 an". Der gegenwärtige Eingangsspruch „Gross wurde Frankfurt ..." stammt schon aus der NS-Fassung.[285]

---

[281] Stadt Frankfurt am Main, Rechtsamt, Handakte.
[282] Siehe Stiftungsabteilung 466, Bl. 65f.
[283] Siehe Stemmler, Ehrenring, S. 244-251.
[284] Siehe die Fotografie bei Zeitbilder S7Z 1933, 404 (zuvor Zeitbilder S7Z 1933, Nr. 200.117, aus der Zeitschrift „Die zeitgemäße Schrift", 61/1942); aktuell in: Walburg, Buch.
[285] Siehe z. B. Stiftungsabteilung 466, Bl. 67.

8. Erinnerungsbuch der Stiftungen

Zusätzlich zum Goldenen Buch der Stiftungen war zwischen dessen Anregung und Fertigstellung ein zweites Stifterbuch initiiert und dann in Auftrag gegeben worden. Auch mit diesem Buch ist der Name Bruno Müller eng verbunden. Bei dieser Idee hatte das Revisionsamt auf die Existenz einer entsprechenden Auflistung aus der Zeit vor dem Ersten Weltkrieg hingewiesen. Diese Sammlung wurde dann benutzt für dieses „Erinnerungsbuch der Stiftungen",[286] das im August 1936 übergeben wurde.[287] Müller hatte darauf verwiesen.[288]

Stadtrat a.D. Dr. Schlotter schrieb als Leiter der Stiftungsabteilung am 10. Oktober 1945, von diesem Erinnerungsbuch „ist der wertvolle Einbanddeckel nach dem Einmarsch der Amerikaner in Verlust geraten." (Zwei Tage später erklärte Schlotter zum diskutierten Aufbewahrungsort für das kostbare Goldene Buch der Stadt, daß er die Tresorräume der Stadthauptkasse „für ausserordentlich ungünstig" halte, „weil dort die Amerikaner Zugang haben".[289]) Aber Schlotter schrieb am 25. Januar 1947 zum Erinnerungsbuch von einem „Einbruch der Polen".[290] Dieser

---

[286] MA 9.420, vom 06.04.1936.

[287] Für die inhaltliche Befassung mit diesem Buch wurde eine Kopie verwendet, siehe Stadtverwaltung Frankfurt am Main, Rechtsamt, Erinnerungsbuch; Herrn Roman Fehr sei gedankt für die Einsichtnahme. Das Original befindet sich unter Stiftungsabteilung 551; lt. ISG-Datenbankeintrag besteht es aus „285 Karteiblätter[n] (Vordrucke) in Ledereinband mit Frankfurter Stadtwappen gebunden".

[288] Siehe Stadt Frankfurt am Main, Rechtsamt, Handakte. Demnach wurde in der Darstellung der Abläufe im Internet-Auftritt der Stadt zum Goldenen Buch der Stiftungen [Stand: Juli 2018] die Reihenfolge vertauscht, da es heißt: „Die Stadt Frankfurt legte deshalb zum Gedenken an die erloschenen Stiftungen und ihre Spender ein ´Erinnerungsbuch der Stiftungen in Frankfurt am Main´ an, und als Ergänzung zu diesem Erinnerungsbuch richtete die Stadt dann im Jahre 1930 auch für künftige Stiftungen ein Gedenkbuch ein, das ´Goldene Buch der Stiftungen´." (Hier stand im Textentwurf ursprünglich die Jahresangabe 1933.) Siehe auch Stiftungsabteilung 141, Bl. 57: Ein „Ausschnitt aus der ´Neuesten Zeitung´ Frankfurt am Main vom 10.10.36" zeigt mit einer Fotografie dieses Buch: „Ein neues Ehrenbuch Frankfurts"; dazu erläutert die Bildunterschrift: „Das Ehrenbuch der Stiftungen der Stadt Frankfurt a. M. wurde von dem Goldschmied Emil Huber geschaffen."

[289] Nachweise und Zitate siehe MA 9.420.

[290] Stadtkämmerei 2.449, Vermerk.

Schuldzuschreibung zum Verlust des Einbandes schloß sich am 9. Mai 1949 Müller an – sofern er nicht der Urheber der genannten Behauptung gewesen ist: „Der schöne Umschlag dieses ´Ehrenbuches´ ist im April 1945 bei der Plünderung des notdürftig in der Holzhausen Schule untergebrachten Bestandes der Stiftungsabteilung von freigelassenen Polen entwendet worden. Die Blätter mit den Eintragungen blieben aber erhalten und sind im Mai 1945 behelfsmäßig neu gebunden worden.“[291] Im Mai 1949 ist der Kalte Krieg anscheinend so wirkmächtig gewesen, daß Müller ehemaligen polnischen Zwangsarbeitern den Diebstahl unterstellte. In seinem Stiftungsbuch schrieb Müller 1958, der Einband sei von „plündernden Ausländern“ entwendet worden. (Müller verschwieg dort das Entstehungsjahr und bezog sich nur auf „damals“, was aufgrund des Sachzusammenhangs die Weimarer Zeit hätte gewesen sein können.)[292]

Möglich ist, daß es in der sog. „Stunde Null“ ebensogut Deutsche[293] waren. Wahrscheinlicher ist, daß es amerikanische Soldaten gewesen sind; GIs hatten in Deutschland für Souvenirs Beute gemacht. Gerade sie hatten Kunstwerke gestohlen, so den berühmten Quedlinburger Domschatz. „Das Oberkommando der US-Streitkräfte versuchte, die Schuld an den Plünderungen den befreiten Zwangsarbeitern anzuhängen. Aber den ausgehungerten Malochern aus Polen und der Sowjetunion stand der Sinn nach Stiefeln, Speck und Schnaps und nicht nach alten Meistern.“[294]

---

[291] Stiftungsabteilung 141, Bl. 57 (Müller handschriftlich).

[292] Zitate und Nachweis siehe Müller, Stiftungen, S. 137; vgl. ebenda, S. 199.

[293] Frankfurter hatten während der „Stunde Null“ in Frankfurt geplündert, was andere Frankfurter wie Müller in ihren Berichten zu jenen Tagen beklagten, siehe z. B. Nachlaß Bruno Müller S1/25, Nr. 3, Bl. 20, Angabe zum 27.03.1945: „Einige mir bekannte Mitbürger, die in den letzten Monaten und Wochen an keiner Tätigkeit teilnehmen konnten, weil … an Herzschwäche litten, erwiesen sich auf einmal als erstaunlich leistungsfähig“ bei Plünderungen von Güterzügen mit Lebensmitteln; dies kann eine Invektive gegen den NS-Stadtkämmerer Friedrich Lehmann gewesen sein.

[294] Der Spiegel, 18.06.2001, Serie: „Jagd nach Kunst[.] Die Kunsträuber“, Teil 7, von Erich Wiedemann (Spiegel-Redakteur). Es ist in den letzten Jahrzehnten vorgekommen, daß eine Bürgermeisterkette oder ein Goldenes Buch, gestohlen von einzelnen Amerikanern, zurückgegeben worden ist. Über „Beutekunst in amerikanischen Auktionen[,] Die Kunstdiebe waren Soldaten“ hat Stefan Koldehoff am 06.09.2013 in der Frankfurter Allgemeinen Zeitung berichtet. Siehe auch die Meldung über die Rückgabe von gestohlenen Gemälden am 05.05.2015 in derselben Zeitung. Noch heute berichten Zeitzeugen von Plünderungen aus Haushalten in

9. Geschichte der Stiftungsuniversität Frankfurt

Die Frankfurter Universität wurde als eine Stiftungsuniversität - finanziert von Frankfurter Bürgerinnen und Bürgern - gegründet, vornehmlich von jüdischen Frankfurtern. Seit 2008 ist sie wieder eine Stiftungshochschule. 1932 erhielt sie den Namen Johann Wolfgang Goethe-Universität. Aufgrund der antisemitischen Politik der Nationalsozialisten mußten über ein Drittel der Lehrenden wie der Lernenden sie 1933 verlassen; damals war die Zukunft der Universität zeitweise gefährdet.

Stadtkämmerer Friedrich Lehmann empfahl NS-Oberbürgermeister Krebs 1935 für die „Reklame" „Einzelveröffentlichungen", zum Beispiel zur „Entwicklung unserer Universität". Der NS-Oberbürgermeister entgegnete, daß zur Universität bereits Müller tätig sei.[295] Denn Bruno Müller war für den NS-Oberbürgermeister mit einer Denkschrift zu einer Geschichte der Universität beschäftigt. Diese könnte aus seiner Befassung mit Stiftungen inspiriert worden sein. Der NS-Oberbürgermeister bat dann 1936 Stadträte,[296] Arbeiten zur Geschichte der Universität zur Phase ab 1933 zu unterstützen, mit der Müller befaßt sei.[297] Müller arbeitete 1939 auch mit an einer Universitätsgeschichte zu deren 25jährigen Jubiläum.[298] „Es war dafür ein Arbeitsausschuß gebildet worden."[299] Es zeigen sich bei diesen Angaben einige Ungereimtheiten, die weitere Recherchen bedingen.

Zur Rolle jüdischer Stifter war man sich innerhalb dieses Arbeitskreises bewußt: „Das Erwähnen dieser Tatsache ist ebenso unmöglich wie ihr Verschweigen."[300] 1939 äußerte sich Müller gegenüber der breiten Öffentlichkeit in der Illustrierten „Frankfurter Wochenschau" zur Vorgeschichte der Universität. Dabei blendete seine Darstellung den

---

Frankfurt durch amerikanische Soldaten, siehe z. B. „1945 in Frankfurt[.] Wie Frankfurter das Kriegsende erlebten", Frankfurter Rundschau, vom 20.04.2015.

[295] Zitat und Nachweis siehe MA 5.087, Bl. 202, Lehmann, vom 17.06.1935; Bl. 203, Krebs, vom 19.06.1935; Stiftungsabteilung 489, Bl. 3-68.

[296] Siehe MA 8.234, Keller an Krebs, vom 10.09.1936: „'Geschichte der Universität' ... Müller"; Lehmann an Krebs, vom 13.11.1936.

[297] Siehe Stemmler, Vermessung, S. 111; siehe Stadtwerke 493, vom 15.07.1936, Müller: „OBM ist mit der Geschichte der Universität einverstanden".

[298] Siehe MA 9.200.

[299] Stemmler, Vermessung, S. 90.

[300] UAF, Abt. 130 Nr. 3, Bl. 57.

jüdischen Einfluß aus, sondern gab in der Entwicklung dem Senckenberg eine besondere Stellung.[301]

Veröffentlicht wurde die Universitätsgeschichte offenkundig nie.

In seinem Stiftungsbuch ging Müller auch auf die Universität ein und teilte dazu mit, daß „der erste Ehrenbürger [...] Dr. August Scheidel"[302] gewesen sei. Dies ist ein Beispiel für sachliche Schwächen in dem Buch, denn Scheidel ist die 38. Person, die in Frankfurt mit dieser akademischen Auszeichnung versehen wurde.[303]

10. Hauptuntersuchungsausschuß der Stadt

Müllers Verhalten in der NS-Zeit wurde vor dem Hauptuntersuchungsausschuß im August 1945 verhandelt. Dieser besondere Ausschuß entschied bis hin zur Dienstentlassung und war „beim Personalamt" angesiedelt. „Die Bildung dieser Untersuchungsausschüsse war Mitte April vom amtierenden Bürgermeister Hollbach angeregt worden zur ´einwandfreien Klärung aller aus politischen Gründen gegen städtische Bedienstete auftretenden Bedenken.´ Die Untersuchungsausschüsse arbeiteten ein knappes Jahr bis Mitte März 1946".[304]

Die Zusammensetzung des Hauptuntersuchungsausschusses ist von großer Bedeutung bezüglich seines Urteils über Müller: Der Vorsitzende Leo Zugehoer war ein zeitweiliger Kollege aus den städtischen Gremien gewesen, nämlich zuerst Stadtverordneter und dann ehrenamtlicher Stadtrat im Zeitraum von 1929 bis Ende 1934.[305] Er gehörte zum Zentrum, war aber im Unterschied zu anderen Frankfurter Zentrumspolitikern nicht nach der NS-Machtübernahme im Römer sogleich aus der Kommunalpolitik vertrieben worden. Erst Ende 1934 schied Zugehoer aus: Der NS-

---

[301] Siehe Müller, Hochschulbestrebungen.

[302] Müller, Stiftungen, S. 146. In einem maschinenschriftlichen Entwurf — anscheinend für die geplante Universitätsgeschichte — stand statt dessen, Scheidel sei „zum Ehrenbürger der Medizinischen Fakultät ernannt worden", siehe Stiftungsabteilung 489, Bl. 61.

[303] Siehe Stemmler, Vermessung, S. 160.

[304] Nachweis und Zitate siehe Tüffers, Magistrat, S. 219-223.

[305] Siehe Bermejo, Opfer, S. 363.

Oberbürgermeister Krebs dankte ihm „für Ihre jederzeit bereitwillige und erspriessliche Mitarbeit" und „für Ihre tatkräftige Mithilfe am grossen Werk des Wiederaufbaus in der Gemeindeverwaltung".[306]

Ein weiteres Mitglied des Hauptuntersuchungsausschusses war Karl Markus, der Direktor der Stadthauptkasse. Von ihm stammte das Buch: „Verwaltungsbuchführung und Vermögensrechnung der Stadt Frankfurt am Main". Diese Verfahren waren in Frankfurt vom Stadtkämmerer Lehmann eingeführt worden. Markus hatte mit diesem Buch eine Plattform bekommen und Lehmann ein Grußwort dazu beigesteuert. Lehmann war für Markus eine entscheidende Bezugsperson in der Stadtverwaltung. Weil davon auszugehen ist, daß Lehmann sich in derselben Situation wie Müller sah, kann vermutet werden, daß er Einfluß auf Markus genommen hat, nicht genau nachzuforschen und eher sanft mit Müller umzugehen. Diese Personen wußten sehr wahrscheinlich, daß sie hierbei strategisch gleich dachten.

Stadtkämmerer Lehmann gehörte wiederum zu den Zeugen. Es wird Spannungen zwischen den beiden Politikern gegeben haben, da Müller sich 1931 gegen Lehmann um das Amt des Stadtkämmerers beworben hatte, woraufhin aber Lehmann zum Stadtkämmerer gewählt wurde und Müller Stadtrat blieb. Beide waren kurzzeitig Kollegen im Magistrat gewesen und hatten dann für die Nationalsozialisten zusammen zur Stadtregierung gehört. Lehmann war wie Müller schuldig geworden. Beide hatten eine systemstabilisierende Funktion im NS-Staat inne.[307] Es verwundert von daher letztlich nicht, daß Lehmann sich alles in allem für Müller verwendet hat.

So trat Lehmann persönlich für Müller ein: „Es ist richtig, dass es dem Eintreten d. Stadtr. M. zu verdanken ist, dass 3/8 des Aktienkapitals der

---

[306] Nachweise und Zitate siehe Bermejo, Opfer, S. 365f. Der NS-Oberbürgermeister erklärte sich 1935 auf Zugehoers Wunsch, um „die ehrenamtliche Mitarbeit in der Stadtverwaltung zu ermöglichen, … mit seiner weiteren Mitgliedschaft im Vorstand der Goldschmidt-Bischoffsheim'schen Darlehenskasse einverstanden", Stemmler, Kommunalpolitiker, Bl. 14. Zugehoer war Mitglied im NS-Rechtswahrerbund, dem Reichsluftschutzbund, dem Volksbund für das Deutschtum im Ausland, in der NSV, und er war Notar, siehe Bermejo, Opfer, S. 364-366.
[307] Siehe Stemmler, Vermessung, S. 104-115. Müller hatte dem ersten Nachkriegsbürgermeister Hollbach vorgeschlagen, Lehmann zum kommissarischen Präsidenten der „Polytechnischen" einzusetzen, was am 06.06.1945 geschah, siehe Bauer, Gesellschaft, S. 141.

Frankfurter Baukasse für 3 der Stadt Ffm nahestehende Stiftungen erworben werden konnten".[308] Lehmann behauptete: „Er hat deshalb auch bei der sogen. Arisierung d. Stiftungen die Umwandlung so gehandhabt, dass in d. Hauptsache der Name geändert wurde u. später die Möglichkeit bestand, das Kapital der Stiftung zu erhalten."[309] Sofern dies überhaupt zutrifft, entspricht es nicht der Regel, wie insbesondere Lehmann in seiner Funktion als Stadtkämmerer wissen mußte. Denn viele Stiftungen waren ausgeraubt worden, indem ihr Vermögen städtischen Stiftungen anheimfiel und es offenkundig an der Intention gefehlt hatte, dies zu revidieren; oder das Geld war an jüdische Einrichtungen mit dem Endzweck gegangen, den städtischen Sozialetat zu entlasten.[310] Das hätte Lehmann wenige Monate nach dem Ende des „Dritten Reiches" noch deutlich vor Augen stehen müssen, so daß seine Falschaussage eine Lüge darstellt.[311]

Es darf nicht übersehen werden, daß der Zeuge Lehmann gemeinsam mit Müller Stiftungen ausgeplündert hatte, zum Beispiel die Philipp und Jakob H. Schiff-Stiftung. Und es war eine bewußte Unwahrheit, wenn Lehmann behauptete: „Stadtrat M. war für Beraubungen u. Rechtsbrüche anderer gegenüber niemals zu haben."[312] Dies entspricht Müllers Schutzbehauptung zum Verfahren, wonach er sich in all den „Beamtendienstjahre[n]" „nichts habe zu schulden kommen lassen".[313]

Lehmann war nicht der einzige Zeuge, der für Müller im Verfahren des Hauptuntersuchungsausschusses der Stadt Frankfurt am Main am 30. August 1945 aussagte; es sprachen unter anderen noch Hermann Beyersdorff, Johann Nathan und Rudolf Herbst.[314]

---

[308] PA 65.185, Bl. 218verso.

[309] PA 65.185, Bl. 219recto.

[310] Was dem Stadtkämmerer für sein Lebensziel - der Entschuldung der Stadt - sehr gefallen haben wird.

[311] Im übrigen steht Lehmanns Aussage implizit im Widerspruch zur Behauptung Müllers, es seien keine Gelder in die Stadt geflossen, siehe PA 65.185, Bl. 211.

[312] PA 65.185, Bl. 219recto, (S. 5).

[313] PA 65.185, Bl. 208, vom 08.07.1945.

[314] Siehe PA 65.185, Bl. 217ff., vom 30.08.1945. Wie standen diese Personen zueinander? Dazu ein Vergleich: Waren es bedingte Bekanntschaften oder war es ein enges Beziehungsgeflecht, wenn in dem Buch „Der nichtseßhafte Mensch", herausgegeben 1938 von Polligkeit, der Nachkriegsoberbürgermeister Kurt Blaum (siehe Klötzer, Biographie, Bd. 1, S. 74) sowie der „Zigeunerforscher" Robert Ritter Autoren waren, Polligkeit wiederum nach dem Krieg seinen früheren Referenten Prestel mit als seinen Nachfolger etablierte und bald darauf der Sozialdezernent Prestel den „Zigeuner-Ritter" in der Stadtverwaltung einstellte?

Gegenüber dem Hauptuntersuchungsausschuß der Stadt hatte Müller in seiner schriftlichen Darlegung vom 1. August 1945[315] einige Aussagen getroffen, die seine Opposition gegen die Nationalsozialisten belegen sollten.[316]

An erster Stelle soll folgende Feststellung betrachtet werden: „Bei der vom Innenministerium geforderten Umstellung der jüdischen und der sog. gemischten Stiftungen ist auf meinem Vorschlag in Frankfurt so verfahren worden, dass die Stadt Frankfurt in keinem Fall das Vermögen einer aufgelösten Stiftung selbst übernahm oder sich sonstwie dabei bereicherte."[317] Und er behauptete später im Spruchkammerverfahren zu jüdischen Stiftungen: „Es gelang mir, zu verhindern, dass auch nur eine dieser Stiftungen … oder dass Vermögen dieser Stiftungen in das städt. Vermögen einbezogen wurde."[318] (In seinem Stiftungsbuch schrieb er später: Es seien nur „selbständige Stiftungen untereinander vereinigt worden, jedoch hat die Stadt in ihr Vermögen keine Stiftungen eingegliedert, die früher selbständig waren, um jeden Anschein einer unrechtmäßigen Bereicherung zu vermeiden.")[319] Aber durch das Transferieren in die unselbständigen städtischen Stiftungen oder mittelbar durch verringerte Sozialausgaben für jüdische Frankfurter ist die Stadt reicher geworden: Die Stadt hatte sich „sonstwie dabei bereichert" und Müller hat wissentlich dabei die Unwahrheit geschrieben, folglich gelogen.

Müllers Behauptung trifft schon für die Stiftungen nicht zu, die zuvor in ihren Satzungen festgelegt hatten, daß ihr ggf. vorhandenes Vermögen im Falle einer Auflösung an die Stadt fallen solle. Dann kann in der Schaffung solchen Bestimmungen ein Ziel Müllers gesehen werden. Bezeichnend ist,

---

[315] Siehe PA 65.185, Bl. 210ff., vom 01.08.1945.

[316] Müller stellte unglaubwürdige Behauptungen zum Kriegsende in Frankfurt auf, siehe Tüffers, Magistrat, S. 215f. - Anm. 544f. Zur Einschätzung mancher Behauptungen wären in der Regel intensive Recherchen notwendig.

[317] PA 65.185, Bl. 213, (S. 8), „i"; HHStAW, 520F, R 4704, K 2185, Bl. 36: Wie interpretierte Müller diesen Satz? Meinte er nur eine Teilmenge von Stiftungen mit der Formulierung: „Bei der vom Innenministerium geforderten Umstellung der jüdischen und der sog. gemischten Stiftungen"? War dies eine bewußte Täuschung, weil er den Eindruck vermittelte, er meinte alle Stiftungen? Und was verstand er unter „einer aufgelösten Stiftung"? Waren damit nur Vorgehensweisen gemeint, nachdem die Auflösung abgeschlossen worden war?

[318] HHStAW, 520F, R 4704, K 2185, Bl. 103verso.

[319] Müller, Stiftungen, S. 137.

daß Müller dem Hauptuntersuchungsausschuß im selben Brief unmittelbar danach erklärte: „Auf Grund der sog. Gemeinnützigkeitsverordnung vom 14. Dezember 1941 mussten die Stiftungen, die Steuerfreiheit in Anspruch nahmen, in ihren Satzungen festlegen, wem im Falle der Auflösung ihr Vermögen zufallen sollte. Es konnte dabei in den meisten Fällen erreicht werden, dass nicht die N.S.V. als anfallsberechtigt eingesetzt wurde, wie diese es den Stiftungen zum Teil nahegelegt hatte, sondern die Stadt Frankfurt.“[320]

Beim Frankfurter Armenverein behauptete Müller: „so habe ich dafür gesorgt, dass das Restvermögen der Stadt für mildtätige Zwecke zufloss.“[321] Für den Fall der Auflösung bestimmte die Satzung die Stadt als Empfänger.[322] Angeblich hatte der Verein seine Finanzen nicht vorgabengemäß eingesetzt. Wie will Müller aber 1933 verhindert haben, daß das Vermögen von über 200.000 RM nicht an die NSV ging?

Müller meinte, auch die Entwicklung des Instituts für Gemeinwohl zu seiner Rechtfertigung heranziehen zu können: „Beim Institut für Gemeinwohl, einer von [eingefügt: dem jüd. Bankier, GSt.] Wilhelm Merton gegründeten Wohlfahrtsgesellschaft, waren von den 500 000 RM Kapital noch 350 000 RM im Besitz von Dr. Richard Merton bezw. zum Zwecke der Arisierung übertragen auf seine arischen Stiefsöhne. Die Partei bezw. die N.S.V. versuchte in jeder Weise, in den Besitz dieser Anteile zu gelangen und dann den Schwerpunkt des für Frankfurts soziale Entwicklung so wichtigen Instituts nach Berlin zu verlegen. Es gelang mir, das zu verhindern, indem die Stadt bezw. eine Stiftung die Anteile der Stiefsöhne übernahmen.“[323] Aber allem Anschein nach war Müllers Hinweis auf die NSV nur eine tatsachenwidrige Ausrede.[324] Später ging Müller sogar noch weiter, als er an

---

[320] PA 65.185, Bl. 213 „k)“. Der - angebliche - Widerstand gegen die NSV stellt einen Topos bei den Rechtfertigungen in der Nachkriegszeit dar.
[321] Nachweis und Zitat siehe PA 65.185, Bl. 213.
[322] Siehe MA 8.852. Die NSV besetzte im Oktober die Räume des Armenvereins in der Stiftstraße, siehe Eckhardt, Einrichtungen, S. 116.
[323] PA 65.185, Bl. 214, (S. 9). Lehmann verwandte sich dabei für Müller: „Es ist das Verdienst vom Stadtrat M., daß die Übernahme des Insitutes [sic, GSt.] für Gemeinwohl durch die NSV. seinerzeit verhindert wurde u. dieses Institut d. Stadt Ffm. erhalten blieb", siehe PA 65.185, Bl. 219, (S. 5).
[324] Stein, Verwissenschaftlichung, S. 166, erwähnt NSV nur für 1936.

die Spruchkammer einen Antrag für eine verbesserte Einstufung stellte „Beim Institut für Gemeinwohl habe ich ungerechte Zwangsmassnahmen gegen den jüdischen Mitbesitzer gewisser Grundstücksanteile, Dr. Richard Merton, verhindern können."[325] Tatsächlich hatte die Stadt zuerst Merton dazu gebracht, die Anteile an seine Stiefsöhne zu übertragen, um dann die zwei überlebenden Stiefsöhne dazu zu bringen, die Anteile der Stiftung abzutreten,[326] wie Müller zuvor selbst erklärt hatte. Ralf Roth stellt fest: „In diesem Zusammenhang intrigierten Stadtrat Bruno Müller und Wilhelm Polligkeit, der Leiter des Instituts, gegen die Familie,"[327] und Dieter Eckhardt charakterisiert es zutreffend so: „Im Sommer 1942 war es schließlich wiederum die Stadt, die Hand an die Selbständigkeit der Stiftung legte."[328] Somit hatte die Stadt „sämtliche Gesellschaftsanteile von 1943-1948". Man kann erkennen, daß dieser Vorgang zum NS-Unrecht gehört, weil 1948 „die Rechte im Wege der Rückerstattung wieder auf Richard Merton übertragen" wurden.[329]

Unbegreiflich ist bei diesem Kontext, warum Müller gegenüber der Spruchkammer zu Richard Merton konstatierte: „als er 1933 [sic] als Jude auswandern mußte".[330] Müller hatte beruflich durch seine Aktivität unter anderem im Jahre 1937[331] gewußt, daß Merton länger als 1933 in Deutschland geblieben war – und ein solcher Tippfehler sollte in einem Dokument dieser Art nicht geschehen.

Müller reklamierte für sich zudem, dem städtischen Mitarbeiter Johann Nathan geholfen zu haben, den er als sog. „Halbjuden"[332] einordnete. Dieser war aber nach eigener Aussage nur ein sog. „Vierteljude": „Eine meiner Großmütter ist Jüdin gewesen. Ich wurde deshalb 1933 bei der Machtübernahme aus meinem Dienst entfernt."[333] War es ein Versehen oder eine Absicht, wenn Müller Nathan zumeist als „Halbjuden" einordnete?

---

[325] PA 65.185, Bl. 236, (S. 9). Vgl. Stemmler, Schuld, S. 114.
[326] Siehe Stein, Verwissenschaftlichung, S. 168, 170.
[327] Roth, Merton, S. 173, mit Hinweis auf Stiftungsabteilung 219, Bl. 78.
[328] Eckhardt, Einrichtungen, S. 142.
[329] Zitate siehe Lustiger, Stiftungen, S. 54.
[330] HHStAW, 520F, R 4704, K 2185, Bl. 104.
[331] Siehe Roth, Merton, S. 172, mit Hinweis auf Stiftungsabteilung 219, Bl. 54.
[332] HHStAW, 520F, R 4704, K 2185, Bl. 75; vgl. ebenda, Bl. 94verso.
[333] PA 65.185, Bl. 219.

Alternativ bezeichnete er ihn wiederholt „als nicht voll arisch"[334]. Der Unterschied zwischen einem „Halbjuden" und einem „Vierteljuden" war in der NS-Zeit ausschlaggebend – wenn letzterer zudem christlich getauft und mit einer arischen Person verheiratet war: die erste Einordnung führte im Verlauf des „Dritten Reiches" fast durchweg zu einschneidender, gar tödlicher Verfolgung, die zweite Einordnung hat anscheinend ein Überleben ermöglicht.

Nathan erklärte dem Hauptuntersuchungsausschuß, er sei „damals pensioniert .. ohne Abzüge"[335] worden. Bettina Tüffers beschreibt es anders: „1934 mußte er wegen seiner jüdischen Abstammung in den Ruhestand gehen, da er es abgelehnt hatte, sich in ein Amt niederen Ranges versetzen zu lassen."[336] Nathan sagte außerdem, Müller „sorgte dafür, daß ich wieder eine Beschäftigung beim Budgeheim bekam u. trat schließl. für mich ein, als ich Anfang d.J. 1945 von der Gestapo verfolgt wurde. Ihm habe ich es [das nächste Wort wurde eingefügt, GSt.] mit zu verdanken, daß ich nicht in die Hände der Gestapo gefallen bin."[337] Entscheidend ist hier das eingefügte Wörtchen „mit" und bezeichnend, daß dies nachträglich geschah. Müller hatte diesen Vorgang wie folgt dargestellt: „Für den Verw.Dir [sic] Nathan … erwirkte ich eine Pensionierung ohne Abzüge und eine Beschäftigung beim Budge-Heim. Ich habe ihn auch später vor einem Zugriff der S.S. wirksam schützen können." Zu ihm „habe ich bis zuletzt immer wieder noch Verbindung gehabt." Zur Revision in der Spruchkammer schrieb Müller „den halbjüdischen Verwalter, Direktor Nathan, habe ich gegen Ende des Krieges durch mein Eintreten vor Zwangsverschleppung und Zwangsarbeit bewahren helfen."[338] Es ist sehr erstaunlich, wie viel Einfluß sich Müller selbst zusprach, indem er behauptete, er habe damals jemanden "vor einem Zugriff der S.S. wirksam schützen können." Rhetorisch gefragt: Welche außerordentlichen Machtmittel besaß er, und warum hat er diese nicht für weitere Verfolgte eingesetzt?

Am 11. Juni 1942 waren in einer Beratung NS-Ratsherren gegen Nathan vorgegangen, der von hauptamtlichen NS-Stadträten verteidigt wurde: „Wir wollen versuchen, aus ihr [der Stiftung, GSt.] noch etwas für die Stadt

---

[334] PA 65.185, Bl. 214; HHStAW, 520F, R 4704, K 2185, Bl. 37, 73, 102verso.
[335] PA 65.185, Bl. 219.
[336] Tüffers, Magistrat, S. 276 – Anm. 713.
[337] PA 65.185, Bl. 219.
[338] Zitate siehe PA 65.185, Bl. 214f., 236.

herauszuschlagen. Vor der Auflösung der Stiftung ist es aber unmöglich, Nathan zu entlassen." „Müller entgegnete, daß es sich bei der Budge-Stiftung um eine juristische Person handelte, für die besondere Bestimmungen aus einem Ministerialerlaß gälten, die genau vorschrieben, was zu tun sei."[339] Es ist hierbei von zwei möglichen Motiven auszugehen: Zum einen konnte es um den Schutz eines Stiftungsmitarbeiters gehen, dessen Entlassung verhindert werden sollte, zum anderen um den Einsatz von hauptamtlichen Stadträten – vom NS-Oberbürgermeister bis hin zu einem Nationalsozialisten wie Fischer-Defoy[340] - zur Abwehr der Einmischungen von ehrenamtlichen Ratsherren (aus dem Umfeld des Gauleiters); letzteres ist wahrscheinlicher.

Was bei Johann Nathans Fürsprache für Müller im allgemeinen nicht deutlich wird, ist seine gute Bekanntschaft zu Müller. Sichtbar wird dies, als sich anscheinend Müller nach Kriegsende für ihn verwendet hat und ihn als Verwaltungsdirektor für Höchst ins Spiel brachte. Vorgeschlagen wurde „der Verwaltungsdirektor Nathan, der sich schon lange Jahre im Dienste der Stadt Höchst in leitender Stellung, auch als Verwaltungsdirektor und rechte Hand des Bürgermeisters bewährt hat ... Nathan hat der NSDAP nicht angehört. Da er halbjüdischer Abstammung ist, musste er 1933 aus dem städtischen Dienst ausscheiden. Jetzt, nach den Ereignissen des März 1945, kommt aus der Höchster Bevölkerung immer wieder der Wunsch an die Frankfurter Stadtverwaltung, diesen Herrn Nathan in seine alten Rechte und seine frühere Stellung wieder einzusetzen."[341] Aus diesem Bericht wird deutlich, daß Nathan Müllers „rechte Hand" gewesen ist. Müller hatte sich für seinen engsten Mitarbeiter engagiert und hatte deshalb zu ihm „bis zuletzt immer wieder noch Verbindung". Daher muß Müller gewußt haben, daß er kein „Halbjude" war. Somit hat Müller hier wiederholt gelogen.

Auf der Suche nach entlastenden Argumenten präsentierte Müller dem Hauptuntersuchungsausschuß auch diese Aussage: „Ich habe aber auch nach 1933 eine Zusammenarbeiten mit Juden nicht abgelehnt, z. B. … im Vorstand der Dr. Arthur Pfungst Stiftung unter Leitung des jüd. Frl. Pfungst, oder im Vorstand der Henry-und-Emma-Budge Stiftung, in dem eine jüd.

---

[339] Nachweis und Zitate siehe Tüffers, Magistrat, S. 275-277.
[340] Fischer-Defoy war ein Alter Kämpfer, nämlich seit 1929 NSDAP- und SA-Mitglied, siehe Tüffers, Magistrat, S. 192.
[341] Höchst 1.396, Bl. 22.

Mehrheit war."[342] Diese Erklärung ist zu prüfen: Welche beruflichen Kontakte hatte Müller zu Juden ab dem 30. Januar 1933 - und wie versteht er von daher den Begriff „Zusammenarbeit"? Wie war die Praxis der jüdischen Kontakte durch die NS-Stadtregierung und wie waren die Vorgaben durch den NS-Oberbürgermeister? Hätte Müller eine Zusammenarbeit verweigern können? Wie ist dies zu sehen zur Behauptung des NS-Oberbürgermeisters vom Dezember 1938, man könne „den arischen Mitgliedern eine Zusammenarbeit mit jüdischen Mitgliedern im Vorstand der gleichen Stiftung nicht zumuten"?[343] Oder war dies nur ein Druckmittel des NS-Oberbürgermeisters? Für seine Tätigkeit als Stadtrat mußte Müller zum Beispiel mit den Vorsitzenden jüdischer Stiftungen Kontakt haben.[344]

Eine bedeutsame Stiftung mit der maßgeblichen Stifterpersönlichkeit Marie Pfungst war die Pfungststiftung. Auch bei ihr zeigt sich, wie sehr Müller seine Beteiligung an der Zerstörung dieser Stiftung und der Verfolgung einer Frankfurterin beschönigte. So behauptete er gegenüber dem Hauptuntersuchungsausschuß: „Bei der Arisierung der erwähnten beiden grossen Stiftungen habe ich in jeder Weise versucht, das Interesse der jüd. Mitbeteiligten genau so zu wahren wie es mit Recht und Billigkeit vereinbar war. ... bei der Pfungststiftung habe ich für Frl. Pfungst eine sehr auskömmliche Jahresrente erwirkt, habe sie wiederholt gegen Angriffe auf die ihr überlassenen Wohnräume in Schutz nehmen können und habe dafür sorgen helfen, dass der grosse Fabrikbetrieb dieser Stiftung (Naxos-Union) und auch die Stiftungstätigkeit im Sinne von Frl. Pfungst weiter geführt wurden." Und er verstieg sich dabei zur Aussage: „während Frl. Pfungst ihrerseits sich mit der Abmachung durchaus und völlig freiwillig einverstanden erklärt hat. Beweis: Mein Schreiben v. 23.Okt. und das Antwortschreiben von Frl. Pfungst v. 28.Okt. (s. Anlage 2)1[?]". Frau Pfungst hatte geschrieben: „Sehr geehrter Herr Stadtrat, ich danke Ihnen sehr für Ihre Mitteilungen vom 23. Oktober, auf die ich noch zurückkommen werde. Inzwischen hat mir Herr Direktor Herbst gesagt, dass Sie die Güte

---

[342] PA 65.185, Bl. 215.
[343] Dokumente, Geschichte, S. 135.
[344] Wenn er an diese Stiftungen seine umfangreichen Fragebögen schickte, um sie auszuforschen, werden die Stiftungen dies sicherlich nicht als „Zusammenarbeit", sondern als eine „Gegen-Arbeit" gesehen und erlebt haben. Wer weiß, ob Müller nach 1945 auch das Unterdrucksetzen von Stiftungen als „Zusammenarbeit" gewertet hat?

haben wollten, mir eine Besprechung mit dem Herrn Oberbürgermeister zu vermitteln. Es ist daher wohl am besten, wenn diese stattfindet, ehe ich mich zu Ihren Ausführungen äussere. Inzwischen grüsse ich Sie bestens". Auch wenn man das „sehr" beim Dank als Zugeständnis in ihrer schwierigen Lage oder als ein persönlich besonders freundlichen Stil wertet, der vielleicht die Hinhalteformulierungen entschärfen soll, hat sie in keiner Weise irgendein Zugeständnis gemacht; wahrscheinlicher ist, daß sie ihre Freundlichkeit ironisch meinte. Mit der Erwähnung einer Audienz beim Oberbürgermeister, von der sie sich keinen Erfolg versprechen konnte, wollte sie sich wohl etwas Zeit erkaufen. Frau Pfungst hat bewußt vermieden, zu seinen „Mitteilungen" – sie spricht nicht von Vorschlägen, geschweige denn von „Abmachung" – Stellung zu beziehen. Dies ist kein „Beweis" für ein Einverständnis, das „durchaus und völlig freiwillig" sei. Dies ist ein Beweis für eine Lüge Müllers.

1939 hatte Müller von der Stiftung verlangt, sie solle ihren Namen ändern.[345] Müller wurde bei seiner Verteidigung unterstützt von einem Begünstigten: Der „Zeuge: Herr Herbst ... Fabrikdirektor in Ffm. ... Die jüd. Dr. Arthur Pfungst-Stiftung, die etwa bis in das Jahr 1941 unter der Leitung d. jüd. Fräulein Pfungst stand, wurde von Stadtr. M. deshalb niemals benachteiligt, im Gegenteil, er hat als Mitglied d. Vorstandes der Stiftung sich nicht dagegen ausgesprochen, daß Frl. Pfungst die Leitung behielt. Er hat vielmehr, als Frl. Pfungst schließl. abgehen mußte, dafür gesorgt, daß ihre Lebensstellung sichergestellt wurde, u. daß die Stiftung unabhängig blieb u. nicht unter d. Einfluß d. NSDAP oder der NSV kam. Als die Partei im Jahre 1942 anstrebte, in dieser Stiftung zwei Sitze im Vorstand zu bekommen, hat Herr Stadtrat M. sich dagegen ausgesprochen u. alles getan, es zu verhindern." Später behauptete Müller gegenüber der Spruchkammer: „Fräulein Marie Pfungst ... habe ich wiederholt vor Belästigungen und Verfolgungsmassnahmen schützen können." „Bei der Dr. Arthur Pfungst-Stiftung, die vollkommen unter den Einfluss der NSDAP geraten war, habe ich noch im Mai 1945 die Aufhebung der dazu erforderlichen verschiedenen Beschlüsse erzielt und die Beibehaltung des früheren Zustandes, die Wiederherstellung des alten (jüdischen) Namens und die Beibehaltung des

---

[345] Siehe Dokumente, Geschichte, S. 160; vgl. dazu bezeichnend Müller/Schembs, Stiftungen, S. 191. 1937 war Lehmann stellvertretender Vorsitzender des Beirates der Stiftung Pfungst gewesen, siehe Mongi-Vollmer, Recht, S. 158. Vgl. Stadtwerke 493, vom 13.01.1937.

bisherigen, noch von der jüdischen Begründerin eingesetzten Vorstandes erreicht." Müller sah sich offenkundig genötigt, sogar Vorgänge nach dem Ende des „Dritten Reiches" heranzuziehen, um scheinbar Entlastungsargumente zu finden.[346]

Während Herbst im Hauptuntersuchungsausschuß davon sprach, Müller habe dafür gesorgt, daß die Stiftung nicht unter den „Einfluß d. NSDAP oder der NSV kam", erklärte Müller gegenüber der Spruchkammer, die Stiftung sei „vollkommen unter den Einfluss der NSDAP geraten". Dieser Widerspruch verweist auf die übliche Täuschung, nur bestimmte Formen der Ausplünderung in der Regel als solche anzuerkennen. Eine Übernahme durch die öffentliche Hand zählte man zumeist nicht dazu.

Und Rudolf Herbst behauptete im Hauptuntersuchungsausschuß, daß Frau Pfungst die Stiftung „etwa bis in das Jahr 1941" geleitet habe. Das Schicksal von Frau Pfungst war entschieden anders: Sie „schied Ende des Jahres 1935 erzwungenermaßen aus dem Vorstand der Stiftung und aus der Geschäftsleitung des der Stiftung gehörenden Unternehmens Naxos-Union aus. Sie starb am 08.02.1943 im Lager Theresienstadt. In dieses Lager hatte sie sich mit einem Betrag von 56.658,17 RM einkaufen müssen(!).“[347] Nach dem Inkrafttreten der Nürnberger Gesetze hatte sie die Leitung der Firma an Rudolf Herbst abgeben müssen.

Und Müller kannte keine Skrupel, indem er schrieb, man habe „im Jahre 1942 den Abtransport nach Theresienstadt zu verhindern gesucht", aber es

---

[346] Zitate siehe PA 65.185, Bl. 215, 219f., (S. 6f.); Bl. 236, (S. 9), 237, (S. 11f.); HHStAW, 520F, R 4704, K 2185, Bl. 46, 55, „Anlage 3". Es gibt in der Akte nur 2 Anlagen, wo bei der ersten eine 1 und eine 2 übereinandergeschrieben wurden. Das relevante Blatt hat zuerst die Abschrift eines Schreibens von Müller, wobei es deutlich weniger Zugeständnisse enthält, als er zuvor dargestellt hatte, siehe ebenda, Bl. 46. Wie wollte er Frau Pfungst schützen, wenn er angeblich machtlos war, da er dem „Vorstand .. angehörte, bis die Partei sich dieser Stiftung bemächtigte und mich sofort ´ausbootete´," ebenda, Bl. 72verso. Siehe zu Marie Pfungst u. a. ebenda, Bl. 37, 45, 75, 104.

[347] Lustiger, Stiftungen, S. 63. Im Internet-Auftritt [Stand: Juli 2018] der Dr. Arthur Pfungst-Stiftung heißt es, daß sie „1935 auf Druck der Nationalsozialisten" die Leitung „abgeben musste"; siehe auch Dokumente, Geschichte, S. 119f. Im Stiftungsbuch behauptete Müller ohne Belege: „Bei der Dr.-Arthur-Pfungst-Stiftung wurde eine ähnliche Zwangs-Gleichschaltung nur durch den deutschen Zusammenbruch vereitelt", Müller, Stiftungen, S. 164. Dabei steht im Erinnerungsbuch, Frau Pfungst sei „1935 ... ausgeschieden", Stadtverwaltung Frankfurt am Main, Rechtsamt, Bl. 202recto.

habe dazu keine rechtliche Möglichkeit gegeben.[348] Was hatte Müller damals getan? Gegenüber der Spruchkammer stellte er dies im übrigen etwas anders dar: Es habe „nicht verhindert werden" können, weil es „völlig überraschend" geschah; zuerst waren es begrenzte Einflußmöglichkeiten, also kausal, während er es dann temporal begründete.[349]

1945 sah man im Unternehmen Naxos-Union, welche die Firma zur Stiftung war, Müller als einen Gegner an: „Der Vorsitzende des Betriebsrats habe darauf aufmerksam gemacht, daß es Teile der Belegschaft wohl irritiere, wenn angesichts der Tatsache, daß das letzte Familienmitglied der Stifterfamilie, Fräulein Pfungst, 1942 nach Theresienstadt deportiert worden und umgekommen sei, ein früherer Pg. weiterhin in der engeren Leitung des Unternehmens tätig sein könne." Mit dieser Argumentation wurde verhindert, daß Müller damals in den „Fabrikausschuß" der Dr. Arthur Pfungst-Stiftung aufgenommen wurde.[350]

Eine bereits genannte Stiftung, bei der eine erhebliche Skepsis an der Glaubwürdigkeit der Müller'schen Darstellungen gegenüber dem Hauptuntersuchungsausschuß besteht, ist die Henry und Emma Budge-Stiftung. Müller hatte behauptet: „So habe ich bei der Budge-Stiftung gegen eine m.E. ungerecht hohe Steueranforderung die Rechtsmittel so weitgehend ausgenützt, dass zuletzt mit parteimässigem Vorgehen gedroht wurde".[351] Was verstand Müller unter „parteimässigem Vorgehen"? Meinte er eine parteiinterne Maßnahme, ggf. einen Parteiausschluß? Wer sollte mit welcher Autorität in welchem Sinne aktiv geworden sein? Und über welche „Rechtsmittel" könnte Müller verfügt haben in Anbetracht staatlicher Vorgaben und Zuständigkeiten? Müller bietet bei dieser Behauptung schwer eine Möglichkeit zur Überprüfung, da er weder die Bezeichnung der Steuer noch ein Jahr oder einen Zeitraum angibt. Er vermittelt den Eindruck, Steuern verringert zu haben, sagt es aber nicht; er könnte folglich auch dabei gescheitert sein. Weil Müller in der Stiftungsabteilung über Jahre intensiv

---

[348] Zitat und Nachweis siehe HHStAW, 520F, R 4704, K 2185, Bl. 47.
[349] Zitate siehe HHStAW, 520F, R 4704, K 2185, Bl. 105.
[350] Nachweise und Zitate siehe Tüffers, Magistrat, S. 231. Man sah ihn immerhin an als „beschäftigungswürdig im Gesamtvorstand"; es war „jedoch" entschieden worden, daß er aus den „engeren Fabrikausschusses ausscheidet," HHStAW, 520F, R 4704, K 2185, Bl. 27-29.
[351] PA 65.185, Bl. 215, 236, (S. 9).

die Finanzen der Stiftungen ausgeforscht hatte, fragt sich, was er hierbei als „ungerecht" empfunden hat? Es wäre zudem erklärungsbedürftig, warum ein Handeln innerhalb des vorgegebenen Rahmens eine solche Reaktion ausgelöst haben soll. Nun liegen Erkenntnisse zu einer Steuer vor, welche die Budge-Stiftung zu Unrecht bezahlen mußte: Ein Vergleich vor dem Landesamt für Vermögenskontrolle und Wiedergutmachung nach dem „Dritten Reich" führte dazu, daß die „zu Lasten der Stiftung erpreßte Erbschaftssteuer (ca. 102.000 RM) ... der Stiftung"[352] zustand. Welche Rolle hatte Müller bei der Erhebung dieser Steuer gespielt?

Auch mit Aussagen, die grundsätzlich sein Verhältnis zur NSDAP thematisierten, versuchte Müller sich reinzuwaschen. Müller sagte vor dem Hauptuntersuchungsausschuß, er sei „bei den leitenden Männern der Partei nicht besonders beliebt und angesehen"[353] gewesen. Das klingt gut, ist aber so unspezifisch, daß es kaum geprüft werden kann. Wer gehörte zum Beispiel zu denen, die die Partei leiteten? Entspricht nicht die folgende Darstellung von seiten der Partei mehr Müllers Verhalten während des „Dritten Reiches"? Der Ortsgruppenleiter sah Müller „´ehrlich´ bemüht, ´den nationalsozialistischen Grundsätzen und Forderungen gerecht zu werden.´"[354]

Müller ist Mitglied der NSDAP gewesen: Im „Fragebogen" nannte er als Eintrittsdatum den 1. Mai; tatsächlich war er am 28. April1933 beigetreten. Seine Nummer war 2 399 673. Und er nutzte eine weitere, übliche Verteidigung, indem er behauptete: „Ich habe niemals ein Amt in der Partei, auch nicht in den Gliederungen, gehabt."[355]

Müller benutzte weitere Argumente, um eine Distanz zur NSDAP vorzugaukeln: „Mein Mitgliedsbuch der Partei habe ich erst im Herbst 1938 erhalten, also nach 5 Jahren ´Probezeit´". Ebenso hatte Stadtkämmerer Lehmann erklärt, er habe nur eine provisorische Mitgliedsbescheinigung erhalten.[356] Es kann vermutet werden, daß dies eine Strategie war, welche als

---

[352] Lustiger, Stiftungen, S. 101. Schon 1937 war die NS-Stadtregierung wohl darauf bedacht gewesen, sich Kunstwerke von Frau Budge anzueignen, siehe Stadtwerke 493, vom 15.06.1937.

[353] PA 65.185, Bl. 215, (S. 12).

[354] Tüffers, Magistrat, S. 182.

[355] Nachweise und Zitat siehe PA 65.185, Bl. 202; Tüffers, Magistrat, S. 181; PA 65.185, Bl. 217.

[356] Siehe Stemmler, Schuld, S. 81.

erfolgsversprechend galt. Für die Mitgliedschaft in der NSDAP war entscheidend, daß auf den Antrag eine schriftliche Aufnahmebestätigung vor Ort folgte; deren Form war nicht relevant. Zum Mitgliedsbuch weist das Bundesarchiv darauf hin: „Ein im Vergleich mit der Mitgliedskarte wesentlich repräsentativeres Mitgliedsbuch wurde erst nach längerer Mitgliedschaft, in der Regel nach zwei Jahren, ausgestellt." Und: „Erst nach mitunter mehrjähriger Bewährung hatte das Mitglied Anspruch auf ein Mitgliedsbuch."[357] Demnach hatte Müller sich parteipolitisch bewährt.

Zu seiner Behauptung, er habe „an Bestattungsfeiern teilgenommen," bei denen ein „Geistlicher mitwirkte, obwohl das vom Gauleiter eigentlich verboten war",[358] konnte keine Bestätigung des Verbots ermittelt werden. Ob Müller sich tatsächlich so verhalten hat, ist ebenso offen.

Müller erfand das Argument, es sei gegen seine innere Einstellung gewesen, sich „an namhafte Vertreter der Partei heran[zu]machen, mit ihnen laut und wirksam für die Partei einzutreten und dadurch die Grundlage für ein weiteres berufliches Aufsteigen zu schaffen."[359] Müller hatte hingegen erkannt, daß die Partei für ihn weniger Aufstiegsmöglichkeiten bot als die NS-Stadtregierung Betätigungsfelder und Aufsichtsratsposten. Und dem NS-Oberbürgermeister war er ein eifriger Diener und lieferte ihm Ideen wie ein Denkmal zum ersten Spatenstich bei der Eröffnung der Reichsautobahn durch Hitler.

Er habe „alle Übergriffe und Unrechtmässigkeiten und Gesetzesumgehungen"[360] vermieden. Das trifft weder für den Rechtsdezernenten im allgemeinen noch für sein Wirken in der Stiftungsabteilung im besonderen zu. Seine außerordentlichen Kündigungen jüdischer Mieter als Aufsichtsratsvorsitzender der Aktienbaugesellschaft für kleine Wohnungen unmittelbar nach der Reichspogromnacht[361] ist ein Beweis von vielen, daß er mit dieser Aussage vor einem gerichtsähnlichen Gremium, vor dem man schriftlich bewußt formuliert, gelogen hat.

---

[357] Zitate siehe Internet-Auftritt des Bundesarchivs [Stand: Juli 2018].
[358] Zitate siehe HHStAW, 520F, R 4704, K 2185, Bl. 34.
[359] HHStAW, 520F, R 4704, K 2185, Bl. 45.
[360] HHStAW, 520F, R 4704, K 2185, Bl. 34.
[361] Siehe Stadtwerke 478, vom 15.11.1938.

Offenkundig stellte der Hauptuntersuchungsausschuß ein Gremium dar, bei dem Müller überzeugt sein konnte, daß dies Akzeptanz finden würde.

„Ich habe weder an einem Parteitag noch an einem Juristentag teilgenommen."[362] Welche Art von Widerstand oder Distanz zum NS-Staat, dem Müller angehörte, bedeutet das? Und konnte er die für ihn notwendigen Kontakte nicht auch auf andere Art und Weise halten? Was war zum Beispiel mit der „Gautagung des Bundes Nationalsozialistischer Deutscher Juristen im Volksbildungsheim mit einer Großkundgebung im Hippodrom, Tagung der einzelnen Fachgruppen und Amtswalter-Appell im Bürgersaal des Römers sowie städtischer Begrüßung durch Oberbürgermeister Friedrich Krebs im Römer. Auf der Eröffnungsversammlung spricht Staatssekretär Wilhelm Stuckart über ´Staat und Rechtswahrer´".[363] Konnte – und wollte - er sich als Frankfurter Rechtsdezernent dem entziehen? Schließlich war er auch Mitglied im NS-Rechtswahrerbund seit 1933.

Er will „1934" „vor kath. Heiligkreuz-Kirche" am Bornheimer Hang, nachdem die HJ „Inschriften auf die Strassenfliesen gepinselt" hatte, „als damaliger Leiter des Bauamtes … die Entfernung veranlasst" haben.[364] Müller war dies aber erst ab Juni 1936; weil aber dieser Vorgang zur laufenden Verwaltung des Amtes gehört, wird ein stellvertretender Baudezernent dies nicht getan haben. Müller mußte sich daran erinnern, daß er damals das Amt nicht geleitet hatte, wobei es verwundert, daß er ein solches Argument vor dem Hauptuntersuchungsausschuß vorbrachte, einem Kreis, in dem die Teilnehmer den einschlägigen Zeitraum hinreichend wußten sowie zum Sachverhalt, daß sich Müller nicht in die laufende Verwaltung eines anderen Dezernenten eingemischt haben wird. Müller konnte anscheinend davon ausgehen, daß man ein solches Argument von ihm nicht zurückweisen würde.

---

[362] HHStAW, 520F, R 4704, K 2185, Bl. 33. Das mag so gewesen sein, wobei es noch zu prüfen wäre.
[363] ISG, Webseite, Stadtchronik, [Stand: 16.10.2018], zum 26. Oktober 1935.
[364] Zitate siehe HHStAW, 520F, R 4704, K 2185, Bl. 35.

Die Erkenntnisweite der Beschlüsse des Hauptuntersuchungsausschusses charakterisiert Tüffers. „Die Materialbasis ... war somit sehr dürftig und nicht besonders aussagekräftig."[365]

Das Vergangene, das Mitglieder des Ausschusses über ihn wußten, werden sie anscheinend nicht für ihr Urteil herangezogen haben.

Der Hauptuntersuchungsausschuß traf bei Müller folgenden „Beschluß: Die Wiederbeschäftigung d. Stadtrats Dr. Müller in städt. Diensten u. in seinem bisherigen Amt ist politisch bedenkenfrei. Begründung: ... Auch um die Erhaltung der jüdischen Stiftungen hat er sich bemüht u. ihm ist es zuzuschreiben, daß der Übergang auf die NSDAP. u. die NSV verhindert wurde. ... Er ist Demokrat geblieben, wie er es vorher war, trotz seiner Eigenschaft als Pg."[366]

Wie jemand 12 Jahre in der politischen Spitze einer Kommunalverwaltung aktiv sein konnte, welche die lokale Politik einer Mörderpartei umsetzte, und dann dessen „Wiederbeschäftigung" als „politisch bedenkenfrei" zu erklären - und das noch „in seinem bisherigen Amt" -, ist genauso wenig akzeptabel wie die Feststellung, jemand kann 12 Jahre Mitglied in einer totalitären Partei gewesen und dennoch „Demokrat geblieben" sein.

11. Spruchkammerverfahren[367]

Müller konstatierte gegenüber der Spruchkammer zu jüdischen Stiftungen: „Dies sind auf staatliche Anordnung zum Teil aufgelöst, zum Teil umgebildet worden." Tatsächlich war die städtische Stiftungsabteilung gegründet worden, um sich an diesen Stiftungen zu bereichern. Weiter behauptete er: „Es gelang mir, zu verhindern, dass auch nur eine dieser Stiftungen ... oder dass Vermögen dieser Stiftungen in das städt. Vermögen einbezogen wurde" Eine dreiste Lüge von Müller: das Vermögen vieler wurde „einbezogen". Und er erfand ein weiteres Argument: „Die jetzige Wiederherstellung der jüdischen Stiftungen ist von mir dadurch wesentlich erleichtert worden, dass ich für alle aufgelösten oder umgebildeten jüdischen Stiftungen besondere Aufzeichnungen handschriftlich gemacht habe und

---

[365] Tüffers, Magistrat, S. 223.
[366] PA 65.185, Bl. 220, (S. 8).
[367] Siehe PA 65.185, Bl. 232ff.

diese im ´Erinnerungsbuch der Stiftungen´ gesammelt habe, weil mir daran lag, die Bedeutung der grossen jüdischen Stiftungen auch für die Zukunft zu wahren". „Die Stiftungen sind fast durchweg so umgestellt worden, dass sie unter einem unverfänglichen Namen ihr Dasein weiter fortsetzten, so dass jetzt die Rückumstellung dieser Stiftungen ohne weiteres möglich ist. Ich habe ferner durch eigenständige Einzeichnungen in das Erinnerungsbuch der Stiftungen die Zusammenhänge zwischen den früheren Namen der Stiftungen und den neueren Bezeichnungen gewahrt und dadurch die jetzige Umstellung wesentlich erleichtert."[368]

Die hier von Müller im September und Oktober 1946 behauptete „Wiederherstellung" bzw. „Rückumstellung" ist ein Phantasiegebilde und Lügenmärchen. „Nur vereinzelt gelang es nach dem Kriege, Frankfurter Stiftungen zu revitalisieren."[369] Hinweise der Art im „Erinnerungsbuch der Stiftungen",[370] wie Müller sie gemacht haben will, bestehen de facto nicht: es sind zu wenige Einträge einer Restitution sind, so daß dies vom Umfang her schon nicht zutrifft, wobei sogar ein Teil der Einträge aus späterer Zeit stammen. Darüber hinaus sind sie zumeist sehr kurz, so daß sie nicht zu Handlungen dienen konnten. (Es sind wohl die gleichen Informationen in den einschlägigen Akten vorhanden. Die Eintragungen sind nicht datiert worden; man kann nur vermuten, von wann und von wem sie sein könnten.[371] Es existieren Hinweise auf Einzeichnungen rückwirkend zu NS-Zeit: Bei der Edinger Stiftung sind vier Einträge mit Jahresangabe in der zeitlichen Reichenfolge 1938, 1940, 1939, 1947 („Wiederherstellung des alten Namens und der alten Satzung") erstellt worden, so daß auch aufgrund

---

[368] Zitate siehe HHStAW, 520F, R 4704, K 2185, Bl. 94verso, 103verso.

[369] Kingreen, Stadtverwaltung, S. 250. Müller behauptet auf einem Deckblatt für eine Sammlung von Listen jüdischer Stiftungen, daß bei den „unselbständigen jüdischen Stiftungen, die von der jüdischen Gemeinde selbst verwaltet worden sind", sie „nicht der Aufsicht der städtischen Stiftungsabteilung unterstanden" haben. Das ist undenkbar. „Ein Verzeichnis dieser (zumeist kleineren) Stiftungen wird nur die jüdische Gemeinde selbst geben können." Es ist ungeheuerlich, wie Müller eine solche Feststellung nach dem Holocaust treffen konnte, siehe Manuskripte S6a/23.

[370] Siehe Stadtverwaltung Frankfurt am Main, Rechtsamt, Erinnerungsbuch.

[371] Da es sich bei der „Xerokopie des Erinnerungsbuchs der Stiftungen" - siehe Stadtverwaltung Frankfurt am Main, Rechtsamt, Erinnerungsbuch - z. B. bei Bl. 127 um die Kopie einer Kopie handelt, weiß man nicht, was schon beim „Original" – siehe Stiftungsabteilung 551 - wann wie verändert worden ist. Es scheint, als ob Müller aufgrund von nichtzerstörten Akten und gefundenen Blättern vom Buch den Rest rekonstruiert hätte.

des einheitlichen Schriftbildes davon auszugehen ist, daß sie von 1947 oder später stammen.[372] Dabei kommen unterschiedliche Vermögensangaben zwischen den ausgeraubten Stiftungen und denen vor, in die sie eingegliedert wurden. Bei der „Dr. Caspary Stiftung" des „Dr. med. Johann Caspary" heißt es bei einem „Vermögen 1935: 21000 RM", sie sei in die Palmsonntag-Stiftung „(zur Vermeidung des staatlichen Zugriffs)" eingegliedert worden. Wenn man sich auf das Erinnerungsbuch bezieht, läßt sich vermuten, daß diese im Jahr 1935 geschah. Demnach wäre es aber nicht der NS-Druck der späten 30er Jahre gewesen, so daß der Zusatz wohl aus der Zeit nach dem Zweiten Weltkrieg stammt.[373]

Müller selbst wäre zudem bei der Restitution nicht beteiligt gewesen, da er zu der Zeit nicht für die Stadt tätig war. Es stellt sich zudem die Frage, auf welcher rechtliche Grundlage er überhaupt von „jetzige[n] Umstellungen" erfahren haben kann.

1959 schrieb Müller hingegen in einem Artikel über „Schäden durch das NS-Regime an Mitgliedseinrichtungen des DPWV", jüdische Einrichtungen habe man dafür nicht befragt, denn sie seien „während der Nazi-Zeit ... ziemlich restlos vernichtet worden." Weil bei der Umfrage dieser „zusätzliche Abschnitt" nur von dem Deutschen Paritätischen Wohlfahrtsverband angefügt wurde, für den Müller sich engagierte, hat er möglicherweise bei seinem Interesse an diesem Aspekt bewußt jüdische Opfer außen vor gelassen.[374]

Eine Sichtweise des Frankfurter NS-Regimes zu den Stiftungen vertrat Müller sogar noch Anfang 1947: „Als Leiter des Rechtsamtes hatte ich die zahlreichen Stiftungen ... planmäßig wieder der Kulturförderung oder Unterstützungstätigkeit zuzuführen".[375] Sofern es sich nicht um stiftungsrechtliche Verstöße handelte, gehörte dies nicht zu seinen Rechten

---

[372] Siehe Stadtverwaltung Frankfurt am Main, Rechtsamt, Erinnerungsbuch, Bl. 46.
[373] Zitate siehe Stadtverwaltung Frankfurt am Main, Rechtsamt, Erinnerungsbuch, Bl. 38 und Bl. 194, Palmsonntag Stiftung: „1935 Dr. Joh. Caspary Stiftung, gegr. 1884/85 rd. 21000 RM"; vgl. einen Fehler bei Bl. 50 sowie einen Eintrag von 1955, siehe Bl. 82. Es ist auch sehr zweifelhaft, daß er „in der N.S.D.A.P.-Zeit dafür Sorge getragen" habe, „dass die aufgelösten oder sonstwie beseitigten jüdischen Stiftungen durch Eintragung in das Erinnerungsbuch der Stiftungen für das Gedächtnis der Nachwelt aufgezeichnet wurden", so Müllers Behauptung auf einem Eingangsblatt zur Sammlung von Listen jüdischer Stiftungen, siehe Manuskripte S6a/23.
[374] Zitate und Nachweis siehe Müller, Schäden, S. 30.
[375] HHStAW, 520F, R 4704, K 2185, Bl. 100.

bei bürgerlichen sowie selbständigen städtischen Stiftungen und, wenn überhaupt, nur bedingt bei unselbständigen städtischen Stiftungen. Sein Vorwurf stellte letztlich eine im allgemeinen üble Unterstellung dar und war wieder und wieder in Frankfurt als Vorwand vorgebracht worden, jüdische Stiftungen auszuplündern.

In seinen Rechtfertigungen an die Spruchkammer verstieg er sich argumentativ so weit, er sei „aus Idealismus der NSDAP beigetreten". Er habe dies getan, um sich insbesondere für Höchst einsetzen zu können. Seine Parteimitgliedschaft sei somit weder aus „Ueberzeugung" noch aus „Angst" erfolgt.[376] Läßt sich eine solche Leistung für Höchst als entsprechenden Grund nachweisen? Es fehlt an solchen Beispielen in seiner Monographie zur Geschichte von Höchst: Er erwähnte zum einen nur die Verlängerung einer Straßenbahnlinie bis Nied mit einer Busverbindung bis nach Höchst im Jahre 1935; dies kann sogar schon 1933 geplant worden sein. Zum anderen nannte er einen günstigeren Steuersatz für Höchst bis zum Ablauf einer 15jährigen „Schonfrist", wobei er sich im Kontext zugleich über hohe Steuern in der NS-Zeit beklagte.[377] Es zeigt sich auch hierbei, daß Müller offenkundig nicht befürchtete, Aussagen könnten geprüft werden resp. würden durch Aktenstudium geprüft.

Das wird auch durch zwei Vermerke deutlich, die in einer Zeitspanne von zwei Jahren liegen, wobei das Kriegsende als Zäsur die Unterschiede nicht erklärt: Im „Rückblick auf 15 Jahre Eingemeindungszeit" von einer Beiratssitzung im Frühjahr 1943 schrieb Müller, von „340 Beamten und Angestellten" seien „etwa 100 Beamte und Angestellte ... eingespart worden". Er wies auf Vorteile bei Strom- und Gastarifen hin. Aber er zählte Gravamina auf: „während die für Höchst vorgesehene Strassenbahn nur bis Nied ausgebaut wurde", was „als einer der schwersten Mängel empfunden" wurde. Auch wurde eine vorgesehene Straßenbrücke über den Main nicht gebaut, ebenso wurde ein gewünschtes Schulgebäude zur Kaserne, und das ersehnte Hallenschwimmbad wurde trotz einer großen Spende der I.G.-Farbenindustrie nicht gebaut. Die Schulzahnklinik wurde „leider" „wesentlich verkleinert". Müllers Fazit von 1943 war: „Die Bevölkerung verweist vor allem darauf, dass einige wichtige gemeinnützige Einrichtungen, die in den Eingemeindungsverträgen zugesagt waren, noch

---

[376] Zitate siehe HHStAW, 520F, R 4704, K 2185, Bl. 17-20, 100.
[377] Nachweise und Zitat siehe Müller, Jahre, S. 44f.

nicht zur Ausführung gekommen sind und fühlt sich gegenüber den Bewohnern der alten Stadtteile, namentlich der Stadtmitte, zurückgesetzt." Zum Ersatz verwies er auf die Aktivität der NSDAP: „Die von der Partei eingerichteten Ortsgruppen und die Gliederungen der sonstigen Partei-Organisationen sind den früheren Ortsgebieten angepasst. In ihrem Rahmen wird vor allem das Zusammengehörigkeitsgefühl, das schliesslich auch die Vorbedingung für das Heimatgefühl ist, weiter entwickelt werden können." Er hoffte, „dass ein baldiger Friede des Sieges für ganz Frankfurt" und damit für Höchst Verbesserungen bringen werde.[378]

Signifikant dazu unterscheidet sich ein Vermerk ohne Titel zur Stadterweiterung, der im Auftrag von Müller unter dem „30.5.45" an das Stadtarchiv abgegeben wurde. Im Gegensatz zum Fazit von 1943 wurde erklärt: „Die in den Eingemeindungsverträgen vorgesehenen besonderen Leistungen von Frankfurt für die eingemeindeten Vororte sind zum grossen Teil durchgeführt worden." Um diese Falschbehauptung nicht zu konterkarrieren, wurde auf die Straßenbahn nicht eingegangen. Es wurde zwar dieselbe Schule erwähnt, aber ohne darauf hinzuweisen, daß sie dann als Kaserne genutzt wurde. Zum Ende der Demokratie im Jahre 1933 wurde formuliert, daß „ja jede politische Tätigkeit aufhörte", als ob weder NS-Propaganda noch die NS-Verbrechen nicht Teil der politischen Aktivität des NS-Staates in Frankfurt gewesen wären.[379] Schließlich wurde in dem Text ein Verwaltungsdirektor für Höchst angeregt: Vorgeschlagen wurde „der Verwaltungsdirektor Nathan, der sich schon lange Jahre im Dienste der Stadt Höchst in leitender Stellung, auch als Verwaltungsdirektor und rechte Hand des Bürgermeisters bewährt hat". Um dies zu bekräftigen, wurde ergänzt, es „kommt aus der Höchster Bevölkerung immer wieder der Wunsch an die Frankfurter Stadtverwaltung, diesen Herrn Nathan in seine alten Rechte und

---

[378] Zitate siehe Höchst 1.396, Bl. 2recto[31.03./01.04.] /verso, Bl. 3verso, Bl. 4verso, Bl. 5recto/verso, Bl. 6recto. Zu den Spenden für das Schwimmbad siehe Stadtwerke 493, vom 03.05.1937, „3, 31, Bez.Amt Höchst".

[379] Es gab im „Dritten Reich" in Höchst Zuschüsse für die NS-Kulturgemeinde, siehe Stadtwerke 493, vom 23.09.1937; „unentgeltlichen Leistung der Gartenabteilung Höchst für öffentliche Veranstaltung der Partei ... (Ueberlassung von Fahnen, Schmückung bei örtlichen Feiern der Allgemeinheit)", vom 04.03.1937, „71 und Bezirksamt Höchst"; für eine Nutzungsfläche der HJ auch aus Stiftungsmitteln, siehe ebenda, vom 13.01.1937; vom 03.03.1937; vom 07.12.1937, „32, Bezirksamt Höchst".

seine frühere Stellung wieder einzusetzen."[380] Herr Nathan hatte sich als Zeuge für Müller vor dem Hauptuntersuchungsausschuß verwandt.

Einen Topos der Nachkriegszeit griff Müller auf, wenn er beteuerte, Spenden an Partei und NSV seien nur „Pflichtbeiträge" gewesen; bei Stiftungen und Gesellschaften seien sie für das Winterhilfswerk nur in der „Mindesthöhe" erfolgt.[381] Dabei hatte der Ortsgruppenleiter in Höchst während des „Dritten Reiches" Müller konzediert, daß seine persönliche Spendenbereitschaft keinen Grund zur Klage gebe.[382]

Als hauptamtlicher Dezernent der Frankfurter NS-Regierung bildete Müller eine sicht- und hörbare Repräsentation des NS-Regimes. Er sagte vor der Spruchkammer: „In Vertretung des Oberbürgermeisters habe ich wiederholt Ansprachen bei öffentlichen Feiern und Veranstaltungen, bei Einweihungen u.s.w. gehalten, ohne politische Bedeutung, … und Gäste der Stadt begrüsst."[383] In einem totalitären Staat, der viel Wert auf Propaganda legte, gehörte jeder öffentliche Festakt zur NS-Propaganda. Daß Müller Festreden und Begrüßungsansprachen ohne politische Bedeutung gehalten haben wird, kann nur in die Rubrik Phantasiewelt eingeordnet werden. Allein einer Person das Wohlergehen der eigenen Gemeinschaft zuzuschreiben - was der Gruß „Heil Hitler" bedeutete - war Propaganda pur. Ein Beispiel ist seine Begrüßungsansprache anläßlich der „Reichsarbeitstagung der Reichsbetriebsgemeinschaften Banken und Versicherung" am 13. Dezember 1937 im Kaisersaal. Auf DIN-A5-Zetteln, die offenkundig für den Vortrag gedacht waren, steht unter anderem: „Den Grundgedanken einer solchen Auffassung hat der Führer schon in seiner Münchener Rede vom 24. April 1923 klar ausgesprochen, wenn er die Forderung erhob: ´Der Staat ist nicht

---

[380] Zitate siehe Höchst 1.396, Bl. 15f., 18, 22; der Autor ist sehr wahrscheinlich Müller gewesen.
[381] Nachweis und Zitate siehe HHStAW, 520F, R 4704, K 2185, Bl. 73verso; vgl. Müller ab 1938 stellv. Senior, siehe www.frankfurt1933-1945, unter „Orte", Eintrag „St. Katharinen- und Weißfrauenstift", [Stand: 19.06.2019]. Zur ähnlichen Argumentation durch Friedrich Lehmann vgl. Stemmler, Schuld, S. 120f. Bei der Adolf-Hitler-Spende wäre zu sagen, daß ein Artikel im Städtischen Anzeigeblatt von 1933 eine Mitteilung des Deutschen Gemeindetags enthält, diese Spende „findet nicht statt" für kommunale Verwaltungen und Betriebe, siehe MA 4.700, Bl. 119; Städtisches Anzeigeblatt, Nr. 27, 01.07.1933, S. 286.
[382] Siehe Tüffers, Magistrat, S. 213.
[383] HHStAW, 520F, R 4704, K 2185, Bl. 4.

die Plantage fremder Kapitalinteressen! Das Kapital ist nicht die Herrin des Staates, sondern sein Diener.'" Andere Aussagen wurden per Stift gestrichen, diese nicht, so daß davon auszugehen ist, daß Müller den Führer so zitiert hat.[384] Und Müller stellte bereits Hitler in Vermerken an den NS-Oberbürgermeister heraus, wenn eben auf „Veranlassung des Führers in anderen Städten"[385] markante Verbesserungen geschaffen worden seien. Auch für Müller war es im Januar 1934 offenkundig selbstverständlich, ein Grußwort für ein Buch zeitgemäß zu enden mit „dem Leitspruch des Führers: 'Gemeinnutz geht vor Eigennutz'."[386] Im Fragebogen hatte Müller zudem die Unwahrheit geschrieben, indem er erklärte, er habe „keine Reden und Veröffentlichungen"[387] aufzuführen.

„Ich habe in der Öffentlichkeit niemals irgendwelche Lehren oder Ansprüche der Partei vertreten."[388] Dem kann man die Eingangsworte aus seinem Aufsatz „Staatsaufsicht über Stiftungen" entgegensetzen: „Der Gedanke des 'totalen Staates' verlangt, daß der Staat seine Macht nicht nur den natürlichen Personen gegenüber ausübt, sondern auch für die juristischen Personen seinen Macht- und Herrschaftsanspruch durchzusetzen vermag." Die Lehre von der totalitären Herrschaft des Nationalsozialismus gehört zu dessen Kern, mit der Müller 1934 seine Darlegung, wie Stiftungen ausgeplündert werden können, begann. Diese Lehre stellte zugleich einen Anspruch dar. Und Müller vertrat die NS-Anschauung, daß der einzelne sich unterzuordnen habe, konkret für das Verwaltungshandeln: „Auf keinem anderen Gebiet tritt der Eigennutz so sehr in den Widerspruch zum Gemeinnutz wie bei der Grundstücksbenützung und Grundstücksverwertung."[389] Schon diese zwei Beispiele belegen, daß Müller mit beiden Teilen seiner Erklärung die Spruchkammer belogen hat.

Müller beharrte darauf, keine Parteiarbeit geleistet zu haben; dies hatte er im Laufe der Untersuchungen anfangs mit den Worten getan: „Ich habe gleich bei meinem Beitritt zur N.S.D.A.P. erklärt, dass ich mich nicht politisch betätigten werde und habe mich auch entsprechend verhalten". Dann

---

[384] Nachweise und Zitate siehe Stadtwerke 488.
[385] Müller, Wohnungsbautätigkeit, S. 11.
[386] Müller, Vorwort, S. 4.
[387] PA 65.185, Bl. 202.
[388] HHStAW, 520F, R 4704, K 2185, Bl. 73.
[389] Müller, Vorwort, S. 4.

formulierte er es wie folgt: er habe eine „aktive Mitarbeit abgelehnt, Gauinspektor Schimmel mitgeteilt".[390] Oder er schrieb in der Variante: „Beitritt … unter dem Vorbehalt erklärt", um schließlich eine noch stärkere Formulierung zu wählen: „mit dem ausdrücklichen Vorbehalt beigetreten".[391] Kann man es für möglich halten, daß eine totalitäre Partei im Siegesrausch und mit unbändigem Machtstreben das akzeptiert hat?

Vermutlich ging Müller davon aus, daß man in Frankfurt am Main keine besonders genauen Kenntnisse über Ereignisse im Stadtteil Höchst habe; denn er behauptete, sich dort mutig gegen NS-Übergriffe gestellt zu haben: Er schwadronierte, er habe „nach dem 30. Januar 1933" „vom Höchster Rathaus eine Hakenkreuzfahne … entfernen lassen und habe mir damit den äussersten Zorn des NSDAP-Führers in Höchst zugezogen."[392] Bekannt ist, daß am 8. März 1933 eine Hakenkreuzfahne auf dem Bolongaro-Palast gehißt worden war, welche dann „wegen der Ermordung Blesers auf Halbmast gesetzt"[393] wurde. Ganz und gar nicht glaubwürdig ist Müllers Formulierung vom „äussersten Zorn". Wenn dem so gewesen wäre, hätte die Ortsgruppe seinen Parteiantrag abgelehnt. Schon gar nicht hätte der lokale Führer eine nur formale Mitgliedschaft akzeptiert. Dann will Müller vom „Ortsgruppenleiter" die Nachzahlung der „Miete für eine städtische Wohnung" „nach der Machtübernahme" „verlangt und durchgesetzt" haben.[394] Auch hierbei ist davon auszugehen, daß daraufhin sein Mitgliedsantrag vor Ort abgelehnt worden wäre. Und diesen Vorgang stellte er später in einer etwas anderen Art dar: „der Ortsgruppenleiter von Höchst hat ein städtisches Darlehen[,] das ihm vor 1933 in der Zeit der Arbeitslosigkeit gewährt worden war, zurückbezahlen müssen".[395] Eine gestundete Mietzahlungen als Darlehen zu bezeichnen, ist wohl juristisch eine suboptimale Diktion. Warum verwechselte Müller Miete und Darlehen?

---

[390] HHStAW, 520F, R 4704, K 2185, Bl. 33. Dies wird Josef Schimmel gewesen sein, Ortsgruppenleiter in Höchst ab 1931; Schimmel war ab März Fraktionsvorsitzender der NSDAP in der Frankfurter Stadtverordnetenversammlung und ab April/Mai 1933 Inspekteur für die westlichen Frankfurter Vororte. Von Beruf war er Obersteuerinspektor, siehe Bermejo, Opfer, S. 30, 116f., 182; Giel, Stadt, S. 460; Tüffers, Magistrat, S, 34.
[391] HHStAW, 520F, R 4704, K 2185, Bl. 1verso; 33, 93, 101verso.
[392] HHStAW, 520F, R 4704, K 2185, Bl. 32.
[393] Vonhof, Blatt, S. 53.
[394] Zitate siehe HHStAW, 520F, R 4704, K 2185, Bl. 35.
[395] HHStAW, 520F, R 4704, K 2185, Bl. 72.

Der Ortsgruppenleiter Josef Schimmel ist Obersteuerinspektor gewesen. Wie soll die Arbeitslosigkeit erklärt werden: war Schimmel Obersteuerinspektor erst unmittelbar nach der sog. Machtergreifung geworden? Oder ist dies der Hintergrund, daß Müller seine Bezugspersonen im unklaren lassen wollte und ihn bei anderer Gelegenheit nicht als Ortsgruppenleiter, sondern als Gauinspektor bezeichnete?

Auf eine Anfrage der Spruchkammer zu ihm antwortete die CDU-Bezirksgruppe Höchst: „Er ist nicht als Nazi verschrieen; umgekehrt aber ist er auch nicht bekannt, dass er sich gegen die Ziele der Partei eingesetzt hätte", und die „Liberal-Demokratische Partei" schrieb ohne nähere Erläuterung, er sei „bei Beamtenversammlung ... als Referent eingesetzt" worden.[396]

„Als Leiter der Stadtwerke", zuständig für den „Hebedienst für Elektrizität, Gas und Wasser", charakterisierte sich Müller folgendermaßen: „Ich habe mich stets auf den Standpunkt gestellt, dass alle Mitbürger gleiches Recht haben und dass die jüdischen Abnehmer nicht anders behandelt werden dürfen".[397] Als Aufsichtsratsvorsitzender der Aktienbaugesellschaft für kleine Wohnungen vollzog er hingegen unmittelbar nach der Reichspogromnacht die außerordentliche Kündigung der jüdischen Mieter, ohne eine Rechtsgrundlage zu nennen.[398] Diese belegbare Handlung steht hier im Kontrast zu seiner Selbstbeurteilung.

Müller nahm für sich vor dem Hauptuntersuchungsausschuß sowie gegenüber der Spruchkammer in Anspruch, Auftrag gegeben zu haben, in der Reichspogromnacht die Brände von Synagogen zu löschen. Dafür gibt es keinen Beweis. Im Gegenteil: Die Feuerwehr engagierte sich in Frankfurt nur, ein Übergreifen auf Nachbarhäuser zu verhindern. Stellt ggf. die

---

[396] Zitate siehe HHStAW, 520F, R 4704, K 2185, Bl. 11, vom 05.09.1946; Bl. 13, vom 03.09.1946.
[397] HHStAW, 520F, R 4704, K 2185, Bl. 102verso. In dieser Funktion hatte er gegen Ende des Krieges noch an einem Lehrgang an der „Polizei-Akademie für Luftschutzführung" in Berlin über Luftschutz teilgenommen, wobei „die Abordnung zu dieser Veranstaltung durch den Reichsverteidigungskommissar erfolgte", MA 5.327, Bericht vom 21.12.1944.
[398] Siehe Stadtwerke 478, vom 15.11.1938.

Westend-Synagoge eine Ausnahme dar?[399] Welche berufliche Rolle Müller im Frankfurter Westen in seiner Zuständigkeit für allgemeine Polizeiangelegenheiten sowie möglicherweise dort für die städtische Vollzugspolizei gehabt hat, gegen die Brandstiftungen und für Brandbekämpfungen aktiv zu werden, und der er offenkundig nicht nachgekommen ist,[400] bedarf noch einer Untersuchung.

Beim folgenden Aspekt, den Müller in beiden Verfahren vorbrachte, scheint er Angriff als die beste Verteidigung gewählt zu haben, indem er gegenüber dem Vorsitzenden des Hauptuntersuchungsausschusses thematisierte: „Eine Ortsgruppe der NSDAP wollte die Gelegenheit der Metallsammlung benützen, um am Tor des Judenfriedhofs die dort vorhandenen grossen Messingbuchstaben zu entfernen". Er habe eine „sorgfältige Entfernung des Metalls durch das Bauamt veranlasst," um Beschädigungen zu verhindern. Vergleichbar argumentierte er auch gegenüber der Spruchkammer.[401] Hingegen hatte er 1939 in einer Besprechung der Dezernenten vorgeschlagen, bei der „Synagoge Freiherr vom Stein-Strasse" – also ein anderer Ort - die „Bronzeteile am Eingang" zu entfernen, „da sie unnötig zu Diebstählen Veranlassung geben könnten".[402] Es ist im Kontext seiner Ausplünderungen jüdischer Stiftungen zugunsten der Stadtverwaltung zu vermuten, daß er hier wertvolles Metall für die Stadtverwaltung stehlen ließ.

Er gab an, er habe „während meiner fast vierjährigen Tätigkeit als stellvertretender Leiter des Bauamtes bei den in meiner Zeit ausgeführten Bauten, namentlich bei der Altstadtsanierung, niemals das Hakenkreuz oder ein sonstiges NS-Symbol anbringen lassen."[403] Dies kann so gewesen sein. Es fragt sich, was die Vorgaben und Erwartungen dazu an ihn waren sowie der Grad ggf. aufgekommener Konflikte.

---

[399] Siehe HHStAW, 520F, R 4704, K 2185, Bl. 36, 74; siehe zu den Bränden z. B. Keine, Feuerwehr, S. 17-28.

[400] Am „10. November 1938[,] verwüsteten Männer der SA und Höchster Bürger die Synagoge und steckten sie in Brand. Feuerwehr, Polizei und viele Schaulustige sahen tatenlos der Zerstörung zu", siehe Webseite der Stadt Frankfurt am Main, „Enthüllung einer neuen Gedenktafel am Ettinghausenplatz in Höchst", vom 09.11.2018.

[401] Zitate und Nachweis siehe HHStAW, 520F, R 4704, K 2185, Bl. 36, 74.

[402] MA P 215, 16.05.1939, (Nr. 85), [Bl. 3], sowie MA 4.128, Bl. 3(+8).

[403] HHStAW, 520F, R 4704, K 2185, Bl. 73verso. Er hatte diese Position „von Juni 1936 bis Juni 1939" inne, siehe Tüffers, Magistrat, S. 203, also nur drei Jahre.

Müller berief sich auf seine Veröffentlichungen während der Weimarer Republik und im „Dritten Reich", um aus den Unterschieden eine NS-Opposition abzuleiten, und zwar sowohl im Hauptuntersuchungsausschuß als auch vor der Spruchkammer.[404] Sein Eigenlob: „Vor der Machtergreifung habe ich Aufsätze in ziemlich erheblichen Umfange in juristischen und kommunalen Fachzeitschriften veröffentlicht"[405] mag stimmen, es konnte nur in einer ersten allgemeinen Recherche nicht verifiziert werden.[406] Von daher ist seine Behauptung, er habe im „Dritten Reich" kaum publiziert, um

---

[404] HHStAW, 520F, R 4704, K 2185, Bl. 4, 34, 43, 72.

[405] HHStAW, 520F, R 4704, K 2185, Bl. 72. Entsprechend seiner Formulierung wurde in der Lokalpresse nach Namensbeiträgen als Bürgermeister von Höchst nicht gesucht.

[406] Siehe zu Texten von ihm Müller, Hilfsmittel, ohne Namensnennung in der Zeitschrift, jedoch angegeben als Preisschrift in Müller, Vereinfachungen. Es finden sich einige Typoskripte in Akten, die anscheinend durchweg von Müller angefertigt wurden, wobei es teilweise offen ist, ob sie veröffentlicht wurden. Es handelt sich sowohl um Texte aufgrund von Müllers Eigeninitiative als auch um Anfragen. Da es sich um Themen aus Müllers Wirken als Stadtrat und Mitglied in Aufsichtsräten handelt, wird er dafür auf Mitarbeiter zurückgegriffen haben. Solche Titel lauteten: „Amtliche Grundstückstaxen in Frankfurt a.M." (1930), „Verständnis für die Finanzschwierigkeiten der Grosstädte!" (1931), „Höchst in der Besatzungszeit 1918-1930" (1931), „Die Neuordnung der Energiewirtschaft" (1935), „Das Frankfurter Elektrizitätswerk" von 1935, „Haushaltswärmeversorgung" (1936), „Grössere Strassenbauarbeiten in nächster Zeit" (1936), „Frankfurt am Main" [zur Stadtgestaltung am Fluß] (1936/1937), „Reichsautobahn und Frankfurter Strassenverkehr", „Ueberörtliche Prüfung der Gemeinden" (1937), „Das neue Baurecht", „Richtlinien der kommunalen Siedlungsarbeit" (1938), „Parkplatznot in Frankfurt a.M." (1938), „Verbesserungen des Nord-Süd-Verkehrs in Frankfurt a.M.", „Die Massierung des Verkehrs[,] der Standpunkt der Stadtverwaltung" (1938), „Veränderungen am Schönhof" (1938), siehe Stadtwerke 501, sowie „Geschichte des Kraftwerks Frankfurt a.M." (1944), siehe Manuskripte S6a/24. Ein Typoskript mit 38 Seiten von Müller aus dem Jahre 1961 ist „Die Stadt Frankfurt a.M. in der Weltwirtschaftskrise 1929 bis 1932". Vom Oberbürgermeister sowie von führenden Beamten wurde das Werk abgelehnt, so vom Obermagistratsdirektor Dörflein: „Ich wiederhole meine bereits mündlich geäußerte Stellungnahme, daß ich die Arbeit für eine Vervielfältigung und Verbreitung, selbst in einem nur engen Kreise, nicht für geeignet halte. Man sieht der Darstellung immer wieder an, daß der Verfasser nur vorübergehend und auch nur vertretungsweise im Amt des Kämmerers tätig war ... daß Vieles ungenau, z.Teil direkt falsch wiedergegeben wird". Müller hatte dies ohne Auftrag geschrieben; dennoch wurden ihm 300 DM aus Verfügungsmitteln des Oberbürgermeisters gewährt, Zitate und Nachweis siehe MA 2.944, vom 23.02.1961; vom 12.05.1962.

daraus eine partielle innere Emigration abzuleiten, nicht bewertbar. Möglicherweise wollte er damit auch nur von einer Nachforschung nach Texten von ihm zwischen 1933 und 1945 abhalten, die kein gutes Licht auf ihn werfen würden. Dazu sollte vielleicht auch sein Eingeständnis beitragen, daß er einen Beitrag in „Der nationalsozialistischen Gemeinde"[407] veröffentlichte, wobei er dies mit der Entschuldigung versah, angeblich habe er es „auf ausdrückliches Verlangen des"[408] NS-Oberbürgermeisters getan. (Es war kein „ausdrückliches Verlangen" des NS-Oberbürgermeisters gewesen, sondern ein „Wunsch" des NS-Bürgermeisters Linder; der NS-Oberbürgermeister hatte dann den Entwurf mit einigen „Abänderungen" gebilligt.)[409]

Wesentlich ist, daß Müller seinen Aufsatz „Staatsaufsicht über Stiftungen" verschwiegen hat, der 1934 deutlich machte, wie Stiftungen ausgeplündert werden sollten (siehe Kapitel 5a); es war dann dafür nur ein anderes Verfahren gewählt worden. Seine Arbeit an dem Aufsatz steht im zeitlichen Zusammenhang mit der Festlegung von Aufgaben der Stiftungsabteilung.

Daß er keinen Beitrag für die NS-Tageszeitung „Frankfurter Volksblatt" geschrieben habe, läßt sich nur schwer widerlegen, so lange sie nicht eingescannt worden ist. Und daß von ihm mehrere Beiträge in einer „Jubiläumsnummer des Höchster Kreisblattes" erschienen seien, einer Zeitung, die – so seine Beteuerung - „bei der Gauleitung nicht beliebt war",[410] steht zur Nachprüfung leider vor dem Problem, daß das Jubiläum für das von ihm angegebene Jahr 1935 keinen Sinn ergibt und in einer kursorischen Suche nicht gefunden werden konnte. Was sagt es aus, als Presseorgan „nicht beliebt" zu sein? Ergeht es nicht jeder Zeitung so, die wiederholt negativ über einen Politiker berichtet? Weil das „Höchster Kreisblatt" bis 1941 tätig war, kann diese Antipathie nicht zu stark gewesen sein.

Bei seinem Buch „Wohnungsbau fördern. Vorschläge für Behörden und Baulustige" von 1933 betonte Müller das Erscheinungsdatum und daß es in

---

[407] Siehe Müller, Aufbauwillen; ggf. erschien ein Beitrag von ihm oder unter seinen Auspizien ohne Autorenangabe, siehe [Müller], Pflege.

[408] HHStAW, 520F, R 4704, K 2185, Bl. 34.

[409] Zitate siehe Stadtwerke 501, Müller an Linder, vom 24.05.1937; Oberbürgermeister an Müller, vom 21.05.1937; Hauptamt für Kommunalpolitik, vom 12.08.1937.

[410] HHStAW, 520F, R 4704, K 2185, Bl. 34, 73verso.

der „Schriftenreihe der Forschungsstelle für Wohnungswesen" unter „Ernst Cahn" erschienen sei. Ernst Kahn war unter anderem Direktor der Aktienbaugesellschaft für kleine Wohnungen gewesen, dort 1933 als NS-Opfer bald entlassen worden und konnte über England und die USA nach Palästina ins Exil flüchten. Von der Wohnungsgesellschaft her bestand ein Kontakt zu Müller in der Weimarer Zeit. Das Buch war zwar 1933 erschienen, aber der Autor schrieb selbst im Buch: „Die Arbeit ist Ende August 1932 abgeschlossen."[411] Vermutlich liefen bereits die Druckmaschinen, als die Nationalsozialisten an die Macht kamen; es ist sehr weit hergeholt, diese Veröffentlichung in der Buchreihe eines jüdischen Frankfurters als Oppositionshandlung zu deklarieren.

Dann nannte Müller sein Heft von 1934: „Die Sondershausen von Gläsernthal'sche Stiftung in Frankfurt a. M. Geschichte und Satzung", das mit seinen Beschuldigungen gegen die Stiftungsführung vor 1933 schon geprägt ist von seiner Aufgabe, Stiftungsgelder für den NS-Staat anzueignen (siehe Kapitel 5b). Diese Veröffentlichung stellt eher einen Beweis gegen ihn dar oder läßt sich heute als Hinweis deuten, daß Müller davon ausgegangen ist, niemand werde seine Angaben prüfen, sondern der von ihm behaupteten Autorenmotivation glauben.

Ein Beitrag des Baudezernenten in einer Frankfurter Illustrierten, der „Frankfurter Wochenschau", zu „Altstadtverfall und Altstadtgesundung" enthält unmenschliche Gleichsetzungen von Müller zwischen Menschen und ansteckenden Krankheiten (siehe Kapitel 4). Auch von diesem Artikel hatte er wohlweislich in den Verfahren nichts geschrieben.

Obschon Müller manchen Text in seinem Leben veröffentlichen konnte, so zeigt es sich, daß sie insgesamt gesehen fast durchweg aus einer beruflichen, sprich bezahlten Tätigkeit stammten oder er eigens einen Werkvertrag dafür erhielt, sie häufig kurz oder sogar sehr kurz waren, es einige Zweitverwendungen von Texten gab, vermutlich sehr häufig und umfangreich städtische Mitarbeiter zugearbeitet haben werden, es bisweilen nur scheinbar ein Buch war und Müller häufig (berufliche) Beziehungen zu denjenigen hatte, die seine Beiträge veröffentlichten. Es gibt den Ordner „Stadtwerke 501" im Institut für Stadtgeschichte, der einige Typoskripte von Müller enthält;[412] in manchen Fällen ist es offen und konnte auch nicht

---

[411] Müller, Wohnungsbau, S. 5.

[412] Beim Typoskript mit handschriftlichen Anmerkungen „Standpunkt der Stadtverwaltung", vom 15.12.1938, überschrieben als „Die Massierung des

ermittelt werden, ob es veröffentlicht wurde.[413] Es sind auch Texte aus der Zeit vor 1933 abgelegt worden,[414] wobei deren Anzahl sehr gering ist; von daher stützt dies nicht Müllers Behauptung von den relativ vielen Veröffentlichungen in der Weimarer Zeit.

Müller hat sich auch als NS-Opfer dargestellt. Er drückte dies so aus: „Ich … bin deshalb … von der Partei aus allen Ehrenämtern, die ich vor 1933 innehatte, allmählich verdrängt worden."[415] Dann zählte er solche Ämter auf: Nassauischer Städtetag, Revisionsverband für die Nassauische Gemeinde, „Beratungsstelle für Auslandsanleihen für die nass. Städte", Beamtenhochschule, stellv. Vorsitzender der Polytechnischen Gesellschaft, Vortragsreihe der Frankfurter Gesellschaft für Handel, Industrie und Wissenschaft, Pfungst-Stiftung „deren Vorstand ich angehörte, bis die Partei sich dieser Stiftung bemächtigte und mich sofort ´ausbootete´."[416] Es stellt sich die die Frage: Was verstand Müller unter einem „Ehrenamt"[417] und wie wird dies allgemein gesehen? Gehörten dazu die mit der Stellung eines Dezernenten verbundenen Aufsichtsratsmandate, die mehr oder weniger interessant, einflußreich und bisweilen finanziell attraktiv waren? Die Anzahl dieser Mandate „als Vertreter der Stadt" gab er rückblickend für das „Dritte Reich" in „etwa 10 Gesellschaften" an, während die Literatur zur Weimarer Zeit 7 nennt.[418] Er war zum Beispiel bis Ende April 1945

Verkehrs", scheint Müller seinen Namen nicht angegeben zu haben. Geschah dies mit Absicht, oder führte ein Übersehen dazu, daß die Zeitung seinen Namen nicht mit aufführte, sondern nur wiederholt die Begriffe „Stadtverwaltung" und „Standpunkt" verwendete?

[413] Veröffentlicht wurden z. B. Müller, Baurecht; Müller, Jahre; Müller, Prüfung. „Erschienen" sei „Frankfurt am Main" über die Stadtgestaltung am Fluß, siehe Stadtwerke 501, handschriftlich vom 20.02.1937. Vgl. auch Stadtwerke 493, vom 23.10.1937: „Herr OBM erklärt sich einverstanden mit Abfassung eines von der I.G. gewünschten Artikels ´Zwischen Werk und Stadt´".

[414] Siehe z. B. Müller, Grundstückstaxen.

[415] HHStAW, 520F, R 4704, K 2185, Bl. 1verso.

[416] Nachweise und Zitate siehe HHStAW, 520F, R 4704, K 2185, Bl. 72verso.

[417] Es scheint, daß er gerne gereist ist, so für den Hauptausschuß des Nassauischen Städtetags am 03.10.1932 oder für den Nassauischen Städtetag am 17.03.1933 wie auch noch am 21.04.1933 als dessen stellvertretender Vorsitzender, siehe MA 5.328.

[418] Zitate und Nachweis siehe HHStAW, 520F, R 4704, K 2185, Bl. 94, vgl. Bl. 30f.; Münzel, Mitglieder, S. 39f. Die Vergütung seiner Tätigkeit als Administrator in der Sondershausen von Gläsernthal´sche Stiftung von 1.000 Mark seit 1933 hat Müller in diesem Zusammenhang nicht vor Augen gehabt.

Vorstandsvorsitzender der Stadtsparkasse gewesen.[419] Was ist mit Organisationen, die aufgrund von NS-Maßnahmen nicht mehr existierten, es sich somit nicht um Handlungen geht, die spezifisch gegen Müller gerichtet waren? Und gab es zum Beispiel im „Dritten Reich" noch Auslandsanleihen von Städten in Hessen-Nassau? Müller war 1935/36 Mitglied der Polytechnischen Gesellschaft geworden und dann „umgehend in den Engeren Ausschuss berufen" sowie „im Januar 1936 ... zum stellvertretenden Präsidenten gewählt" worden.[420] Müller war in deren unmittelbare weitere Entwicklung involviert gewesen.[421] Bei der Vortragsreihe der renommierten Frankfurter Gesellschaft für Handel, Industrie und Wissenschaft wird er nicht relevant involviert gewesen sein.[422] Die Beteuerung, er sei von der Partei bei der Pfungst-Stiftung „ausgebootet" worden, widerspricht eklatant seinen Zusicherungen, wie erfolgreich er sich innerhalb der Stiftung für diese und ihre langjährige Vorsitzende eingesetzt habe.

In der mündlichen Verhandlung gab es Aussagen von den meisten Zeugen, wie sie Müller selbst vorgebracht hätte. Nachsichtig hört sich die Stellungnahme von Jos. Horne, Betriebsrat der Stadtwerke, an: „Bei Betriebsversammlungen habe er sich zwar etwas zu positiv ausgedrückt, doch sei nicht zu erkennen gewesen, wie weit dies seine persönl. Meinung oder wie weit er durch die Umstände dazu gezwungen war."[423]
Gegenüber dem Hauptuntersuchungsausschuß hatte Müller sich verbürgt: „Ich habe niemals eine Parteiuniform getragen oder in meinem Besitz gehabt." Das erscheint möglich. Aber in der mündlichen Verhandlung trat seine Sekretärin mit einem anderen Aspekt für ihn ein: „'Er trug ... das Parteiabzeichen nur bei Empfängen.'"[424] Das ist sehr unwahrscheinlich. Denn eine positive Beurteilung von Müllers Parteiaktivität durch einen

---

[419] Siehe PA 65.185, Bl. 190, vom 30.04.1945.
[420] Nachweis und Zitate siehe Bauer, Gesellschaft, S. 117, 124, siehe ebenda S. 155: Erst 1954 wurde Müller wieder in den Engeren Ausschuss der Gesellschaft gewählt.
[421] Siehe Stadtwerke 493, vom 08.09.1936; vom 19.09.1936; vom 17.12.1936.
[422] Siehe Roth, Geschichte, S. 43. Müller war am 03.02.1932 Mitglied geworden und nach der NS-Zeit, als er zwischenzeitlich zum „Mitläufer" eingestuft worden war, am 16.04.1948 wieder aufgenommen worden; siehe Archiv der Frankfurter Gesellschaft für Handel, Industrie und Wissenschaft 2-3-0863; Ralf Roth sei für diese Informationen gedankt.
[423] HHStAW, 520F, R 4704, K 2185, Bl. 145.
[424] Zitate siehe HHStAW, 520F, R 4704, K 2185, Bl. Bl. 33, 147.

Ortsgruppenleiter[425] steht diesem Bild entschieden entgegen. Darüber hinaus lassen sich viele weitere Gelegenheiten nennen, bei denen Müller sein Parteiabzeichen getragen haben wird: von der Rede zur Weihung der Gedenktafel für den SA-Mann Hans Handwerk (siehe unten) über Amtseinführungen von Kommunalpolitikern in Anwesenheit des Gauleiters bis hin zu den zahlreichen Parteiveranstaltungen, an denen das NSDAP-Mitglied Müller teilnahm.

Die Schwächen der Spruchkammerverfahren sind bekannt und wurden schon damals mit dem Spottbegriff „Persilschein"[426] treffend aufgespießt. Immerhin charakterisierte die Spruchkammer Müller als „einen Opportunisten, der sich nach allen Seiten abzusichern versucht hatte", weshalb sie ihn zumindest in die „Gruppe III"[427] als minderbelastet einstufte. Somit hatte das Ergebnis des Spruchkammerverfahrens vom 30. Januar 1947 negative und positive Seiten für Müller. Die Frankfurter Neue Presse gab auch zur Sicht der Spruchkammer wieder, daß Müller „nach außen zur Stärkung der Nazi-Gewaltherrschaft beigetragen" habe. Allgemein erläuterte diese Zeitung: „Die Kammer kam zu dem Spruch, Dr. Müller in der Gruppe der Minderbelasteten einzustufen. In der zweijährigen Bewährungszeit darf er nur in gewöhnlicher Arbeit beschäftigt werden." Als Erfolg seiner Verteidigungsstrategie wurde mitgeteilt, daß die Kammer zu dem Ergebnis gekommen war: „In seinem Amt habe er gegen die Partei gewirkt".[428]
Dies scheint allein aufgrund der von Müller vorgebrachten Argumente und Zeugen erfolgt zu sein. Eine systematische Analyse seiner Amtstätigkeit hatte es selbstredend nicht gegeben.
Jedoch war offenkundig nicht einmal der berechtigte allgemeine Vorwurf gegen ihn zum Zuge gekommen: „Der Betroffene macht lange Ausführungen, die sein Verhalten erklären oder rechtfertigen sollen. Er kann jedoch keinen einzigen Umstand aufführen, der als gegnerisch oder auch nur die Bewegung hemmend, ausgewertet werden könnte." Das trifft auch für ein Fazit zu: „Als führender Mann der Frankfurter Stadtverwaltung, der der Betreffende bis 1945 angehörte, hat er durch sein positives Eintreten für den Nazismus am Aufbau und Ausbau der Gewaltherrschaft massgeblich

---

[425] Siehe Tüffers, Magistrat, S. 213 unter Verweis auf HHStAW 483 10.553.
[426] Müller habe viele Persilscheine vergeben, so Tüffers, Magistrat, S. 106.
[427] Zitate siehe Tüffers, Magistrat, S. 231f.
[428] Zitate siehe PA 65.185, Bl. 247, Frankfurter Neue Presse, vom 31.01.1947.

mitgewirkt und damit einen nicht unerheblichen Teil der Schuld auf sich geladen."[429]

Müllers legte anschließend Berufung gegen die Entscheidung der Spruchkammer ein, ihn als Minderbelasteten zu zählen. Vor der Spruchkammer sowie in Müllers Berufung gehörte es zu den weniger konkreten Vorwürfen gegen ihn, daß er eine Rede zu Ehren des SA-Mannes Hans Handwerk gehalten habe. Am „5. Juli 1937[.] Einweihung der Ehrentafel an der Stelle, wo vor genau fünf Jahren das SA-Mitglied Hans Handwerk niedergeschossen worden ist: Ecke Hans-Handwerk-Straße [heute: Lange Straße] und Städelhof."[430] Müller soll als stellvertretender Senior der Stiftung Hospital zum Heiligen Geist in dem Festakt involviert gewesen sein. Er bestritt dies anfangs und entgegnete dann, er könne sich nicht mehr erinnern, ob er gesprochen habe.[431] Der Direktor des Hospitals, NSDAP-Mitglied Carl Hofacker, schob als Zeuge die Urheberschaft des Vorgangs der Betriebszelle zu.[432]

Bei einem angeblichen Aufmarsch von 3.000 SA-Männern sollte man aber wissen, ob man ein Redner war oder nicht. Unter der Überschrift „Nächtliche Enthüllung einer Ehrentafel" hatte eine Frankfurter Zeitung 1937 berichtet: Die Straße sei von „einer unübersehbaren Menschenmenge angefüllt" gewesen „gemeinsam mit den Ehrengliederungen der SA, SS, des NSKK, der HJ sowie der Politischen Leiter und der NSBO". „Stadtrat Müller übergab in einer schlichten Ansprache die Ehrentafel, die im Auftrag der Stadt ... geschaffen worden war ... Er gedachte des unvergeßlichen SA-Mannes Hans Handwerk, der heute in der Standarte Horst Wessels über und mit uns marschiere."[433] Auch die Anwesenheit von Politischen Leitern spricht dafür, daß Müller sich genau überlegt haben wird, was er sagen will. Von daher ist ein Topos wie die „himmlische" Standarte Horst Wessels stimmig.

Müller versicherte zudem gegenüber der Spruchkammer schriftlich und mündlich, er habe mit dem Gedächtnisschild nichts zu tun.[434] Dabei war die

---

[429] Zitate siehe HHStAW, 520F, R 4704, K 2185, Bl. 99verso, 91verso.

[430] ISG, Webseite, Stadtchronik, 05.07.1937, [Stand: 16.10.2018].

[431] Siehe HHStAW, 520F, R 4704, K 2185, Bl. 95, 99verso, 144verso, 162.

[432] Siehe HHStAW, 520F, R 4704, K 2185, Bl. 147; siehe Stemmler, Hofacker.

[433] Zitate siehe Höchster Kreisblatt, vom 06.07.1937, „Ehrung für Hans Handwerk", S. 3.

[434] Siehe HHStAW, 520F, R 4704, K 2185, Bl. 101verso, 144verso.

Tafel eine Stiftung der Stadt;[435] er kann auch in dieser Funktion gesprochen haben.

Es finden sich Hinweise zu einer Feier zu Ehren Handwerks im Jahr 1933 in einer Akte Müllers aus seiner Tätigkeit für die Stadtwerke. Daraus geht hervor, daß er am 16. Juli 1932 Mitglied und stellvertretender Senior im Pflegamt des Hospitals zum Heiligen Geist geworden war. Weil der Senior, Bürgermeister Dr. Schlosser, die Geschäfte nur bis zum 13. März 1933 geführt hatte und von den Nationalsozialisten aus dem Amt vertrieben worden war, leitete Müller die Sitzungen vom 30. März 1933, vom 24. Juni sowie anfangs vom 24. Juli, dann übernahm der neue Senior Dr. Schlotter die Sitzungsführung. In der Sitzung berichtete Direktor Hofacker „eingehend über die ... Hans-Handwerk -Feier. Pflegamtsmitglieder haben z.T. an der Feier teilgenommen." Für die Feier war ein „Treffpunkt der Pflegamtsmitglieder" vereinbart worden, unterzeichnet „Der Senior". Es ist davon auszugehen, daß Müller als amtierender Senior und Einladender zu dieser gemeinsamen Teilnahme selbst anwesend gewesen sein wird.[436] Und auch in Rücksprachen mit dem NS-Oberbürgermeister war dies in den Folgejahren ein Thema: „Der Herr OBM überreichte mir einen von der SA vorgelegten Entwurf einer Gedenktafel für das Haus Hans Handwerkstrasse, vor dem Hans Handwerk erschossen wurde. Der Entwurf soll bei uns durchgearbeitet werden."[437]

Müller behauptete, einen wesentlichen Beitrag zur Schaffung einer demokratischen hessischen Kommunalverfassung geleistet zu haben: „Ich habe dafür anfangs 1946 einen Entwurf gefertigt, von dem grosse Teile wörtlich in die endgültige Fassung der Magistratsordnung übernommen sind."[438] Es war ab dem 21. Dezember 1945 die Groß-Hessische Gemeindeordnung, welche nur mir redaktionellen Veränderungen unter dem 9. April 1946 als Hessische Gemeindeordnung veröffentlicht wurde. Sie lehnte sich „im großen Umfang eng an die Deutsche Gemeindeordnung" an. „Neues Recht findet sich nur im fünften Teil (Verwaltung der

---

[435] Siehe Höchster Kreisblatt, vom 05.07.1937.

[436] Zitate und Nachweise siehe Stadtwerke 455, u. a. Sitzung am 24.07.1933, Nr. 63; SA-Standarte 81, vom 01.07.1933, „Richtlinien zur Totengedenkfeier für den S.A. Mann Hans Handwerk", verso.

[437] Stadtwerke 493, vom 29.09.1936; siehe auch ebenda, vom 18.02.1937, „an Kulturamt, 32".

[438] HHStAW, 520F, R 4704, K 2185, Bl. 165.

Gemeinde)."[439] Somit bestand die Erneuerung allein im Teil „Magistratsordnung", zu der Müller „grosse Teile" beigetragen haben will. Aber dazu stimmt Müllers Zeitangabe nicht. Auch konnten Hinweise zu einem solchen Beitrag weder in der Literatur[440] noch in einer Befragung von Fachleuten eruiert werden.[441] Akten der amerikanischen Militärregierung in Deutschland (Omgus) zeigen in Hessen Kontakte zwischen Amerikanern und Deutschen zur „Proposed Gemeindeordnung für Groß-Hessen n.d. (1946)", bei der sich sogar über einzelne Formulierungen ausgetauscht wurde.[442] Müller findet dabei keine Erwähnung; von daher ist die von ihm behauptete Vorlage mit deren Verwendung sehr unwahrscheinlich.

Ein neues Argument führte er mit der Beteuerung ein, es habe durch seine Aktivität in Frankfurt „kein grosses Hitlerjugendheim"[443] gegeben. Dabei hieß es schon zum 16. Mai 1933: „Einweihung des neuen Heims der Hitlerjugend. 3.500 Frankfurter HJ-Buben finden sich auf dem Börsenplatz ein und marschieren samt Spielmannszug und Kapelle über die Hauptwache, Zeil, Große Friedberger Straße zur Peters-Mittelschule in der Seilerstraße, dem neuen von Oberbürgermeister Friedrich Krebs der HJ zur Verfügung gestellten Heim. Von hier aus werden 25.000 Hitlerjungen in ganz Hessen betreut."[444] Und Anfang 1937 hatte der NS-Oberbürgermeister mitgeteilt, daß der Hitler-Jugend „etwa 80 Räume, drei vollständige Schulen und ein weiteres Gebäude zur Verfügung gestellt worden" seien und sie zudem „namhafte Zuschüsse" erhalte.[445] Müller war der stellvertretende Baudezernent und hatte interimistisch das Baudezernat „von Juni 1936 bis Juni 1939"[446] inne. HJ- und BdM-Heime sowie eine HJ-Dienststelle werden

---

[439] Zitate siehe Hessische Gemeindeordnung, S. 4.
[440] Vgl. z. B. Dreßler, Spielregeln, S. 6; Borchmann/Breithaupt/Kaiser, Kommunalrecht, S. 25.
[441] Herrn Ulrich Dreßler vom Hessischen Innenministerium sei ausdrücklich gedankt für klärende Auskünfte im November 2018.
[442] Zitat und Nachweis siehe HHStAW, Abt. 649, 17-205-2 54, Microfiche 1, zwischen dem „Office of the Military Government for Great Hesse Civil Administration Division" (1947: Mr. Guder), „Chief, Legislation & Legal Council Branch" und der „Leitung der Kommunalabteilung" unter „Ministerialrat Coßmann" und dann „Dr. Berger" im Innenministerium.
[443] HHStAW, 520F, R 4704, K 2185, Bl. 164.
[444] ISG, Webseite, Stadtchronik, 16.05.1933, [Stand: 16.10.2018].
[445] Zitate siehe Städtsches Anzeigeblatt, Nr. 3, 22.01.1937, S. 34.
[446] Tüffers, Magistrat, S. 203.

immer wieder in den Rücksprachen mit den NS-Oberbürgermeister thematisiert;[447] eine verbesserte Ausstattung der Hitler-Jugend durch Müller ist wahrscheinlich.[448]

1937 war Müller bereits mit verantwortlich für die Besichtigung von Frankfurter Gebäuden, darunter Schulen, welche für Kriegszwecke wie eine Lazarettnutzung verwendbar wären.[449]

Müller stellte sich als tapferen, pflichttreuen Beamter dar, indem er schon im Hauptuntersuchungsausschuß behauptet hatte, er sei am 24. März 1945 „übrigens wohl als einziger Stadtrat" in der Stadt geblieben und habe damit einen Befehl des Gauleiters „zur Räumung der Stadt" „nicht befolgt". Und für die Spruchkammer hatte er den 26. März zu einer „völlig führerlos gewordenen Stadt" erklärt. Zwar ging er dort auf ein Treffen in der Wohnung des Frankfurter NS-Oberbürgermeisters in Bad Homburg ein. Jedoch stellte er dann in der Berufungsverhandlung seine Selbststilisierung erneut auf, der er „anscheinend als einziger der leitenden städt. Beamten in Frankfurt verblieben" sei.[450] Im Juni 1945 hatte Müller hingegen in Aufzeichnungen festgehalten, daß es am 26. März in der Wohnung des Frankfurter NS-Oberbürgermeisters in Bad Homburg eine Sitzung gegeben hätte sowie am selben Tag in der Ziehenschule eine weitere, an der neben ihm auch Krebs und Stadtrat Fischer-Defoy teilgenommen hätten. Zudem habe sich Bürgermeister Kremmer zurückgemeldet, der sich nun um die ausgelagerte Verwaltung kümmern sollte und dessen Ressorts u. a. Stadtrat Lingnau erhielt. Müller war also nach diesen eigenen Angaben im Zeitraum vom 24. bis zum 26. März 1945 nicht als einziger Stadtrat in Frankfurt verblieben.[451]

---

[447] Siehe Stadtwerke 493, vom 03.03.1937; vom 15.06.1937, „61"; vom 17.09.1937, „33"; vom 03.12.1937, „3, 32"; vom 07.12.1937, „1, 33"; vom 24.12.1937.

[448] Siehe ISG, Webseite, Stadtchronik, [16.10.2018] zum 23. Juni 1937: „(Nicht-) Öffentliche Sitzung der Gemeinderäte im Rathaus: … Beschaffung von Heimen für die Hitler-Jugend."

[449] Siehe MA 5.586, Monatsberichte an den Gauleiter, Müller, vom 05.08.1937, S. 2.

[450] Nachweise und Zitate siehe HHStAW, 520F, R 4704, K 2185, Bl. 34, 75verso, 165.

[451] Siehe Tüffers, Magistrat, S. 216 und ebenda – Anm. 545 unter Bezug auf Nachlaß Müller, S1/25, 1 c, S. 11ff. Dort berichtete er auch von einem angeblichen Verhaftungsversuch des NS-Oberbürgermeisters resp. ggf. Auftrag, ihn zu erschießen, und zwar auf Befehl des Gauleiters, der von „Gestapoleuten" vorgenommen sein sollt; später schrieb er gegenüber der Spruchkammer am 10. Juni

Bei der Berufung nahm er ein Argument auf, das er von Anfang an vorgebracht hatte, nämlich seine Bereitschaft, beim Wiederaufbau ohne Entlohnung mitzuarbeiten und nannte im Fragebogen zuerst die wenigen Tage vom 29. April bis zum 4. Mai für unentgeltliche Schreibarbeiten. Der Minister für Arbeit und Wohlfahrt in Wiesbaden verpflichtete Müller Ende April 1946 zu folgender Tätigkeit: „Der frühere Stadtrat Dr. Müller in Frankfurt a.M.-Höchst soll zur Erstellung einer Kartei für die Dauer von 4 Wochen in Anspruch genommen werden ... innerhalb des Siedlungsförderungsvereins. ... Diese Tätigkeit würde gleichbedeutend sein mit der Wiedergutmachungsarbeit ehemaliger Parteigenossen. Eine Bezahlung an Dr. Müller kann nicht erfolgen." Dann erwähnte Müller diese „4 Wochen" sowie den Zeitraum vom 6. Mai bis zum 31. Juli, versehen mit einer Bestätigung vom Siedlungsverein, wobei diese aber nicht auf seinem Arbeitsblatt vermerkt worden war. Als nächstes gab er „nunmehr etwa 3 Monate unentgeltliche Arbeit" an, wobei es an Belegen fehlt. In der mündlichen Verhandlung vor der Spruchkammer sagte er, daß er sich „freiwillig beim Arbeitsamt gemeldet" habe; diese Freiwilligkeit erscheint merkwürdig. Zur Berufung schließlich erklärte er: „Ich habe etwa 8 Monate lang Parteieinsatzarbeit ... geleistet", wobei die angegebenen Anlagen nicht vorhanden sind.[452]

Müllers Berufung war erfolgreich, auch wenn die Kammer meinte, nicht bestimmen zu können, welchen Anteil die „bei Ämtern im allgemeinen übliche Tendenz [habe, GSt.], die in ihrem Bereich liegenden Objekte festzuhalten, und welcher Anteil politischen Beweggründen zuzuschreiben ist".[453] Eine Angleichung an viele andere, die zur Gruppe IV gehörten, war schließlich der Grund für die Kammer, ihn als Mitläufer einzuordnen: „Die Berufung, die .. Müller gegen seinen Kammerbescheid eingelegt hatte, endete mit einer günstigeren Einstufung: Er galt fortan als Mitläufer."[454]

1946 diesbezüglich durch „Angehörige der SS", ein Widerspruch, auf den Tüffers hinweist, siehe ebenda, mit Verweis auf HHStAW, 520F, R 4704, K 2185, Bl. 76.

[452] Zitate und Nachweise siehe HHStAW, 520F, R 4704, K 2185, Bl. 2verso; PA 65.185, Bl. 245, vom 26.04.1946; HHStAW, 520F, R 4704, K 2185, Bl. 74, 77, 86, 94verso, 147, 165verso.

[453] HHStAW, 520F, R 4704, K 2185, Bl. 172a(f).

[454] Tüffers, Magistrat, S. 235.

Mit der für ihn günstigen Revision am 25. Februar 1948[455] intensivierte Müller seine Bemühungen, sich beruflich und damit gesellschaftlich zu rehabilitieren und in seine alte Stellung zu gelangen.

12. Rückkehr in die Stiftungsabteilung

Müller war am 30. Mai 1945 aus städtischen Diensten entlassen worden[456]. Zuvor waren am 30. März 1945 alle NSDAP-Mitglieder vorläufig ihres Amtes enthoben worden.[457] Müllers privatwirtschaftliche Aktivität nach seiner Entlassung stellte offenkundig eine Überbrückung dar. Da er zuvor fast durchweg nur in Kommunalverwaltungen tätig war, wird diese Beratertätigkeit nach 1945 nicht sein dauerhaftes Berufsziel gewesen sein. Ein Ansatz waren seine Bestrebungen, in Stiftungen verantwortliche Stellungen einzunehmen. Wichtige Kontakte konnten auf diese Weise aufrechterhalten werden. Zwischenzeitlich hatte Müller Wiedergutmachung zu leisten. 1949 war Müller dann ein Ansprechpartner für die Kunsthändlerin Erika Daberkow, die dem Städel ein Gemälde von Karl Hofer verkaufen wollte, das in der Ausstellung „Entartete Kunst" hing.[458] Müller war also in diesem Kontext in der Nachkriegszeit aktiv.

Den entscheidenden Schritt zum Wiedereintritt in die Stadtverwaltung hatte Müller mit seiner Berufung gegen die Entscheidung der Spruchkammer unternommen: Dabei war es ihm gelungen, eine Stufe besser bewertet zu werden; er war vom Minderbelasteten zum Mitläufer hochgestuft worden. Das war am 25. Februar 1948 erfolgt. Knapp einen Monat darauf schrieb Müller an den Oberbürgermeister und bot an, für die Stadt tätig zu werden, denn er sei „nunmehr in die Gruppe der Mitläufer eingereiht worden". Wesentlich dabei war: „Durch diesen Spruch sind nunmehr auch die Einschränkungen für meine Betätigung weggefallen." Müller verwies auf seine Kenntnisse und Erfahrungen und schlug daher vor, „der Stadt durch Beratung in schwierigen Rechtsfragen oder auf dem Gebiet der Energiewirtschaft ... nützlich sein zu können." Und er kam auf sein

---

[455] Siehe PA 65.185, Bl. 249-251.
[456] Siehe PA.65.185, Bl. 194.
[457] Siehe Tüffers, Magistrat, S. 219.
[458] Siehe Schöne, Revision, S. 265.

besonderes Aufgabengebiet zu sprechen, daß er „das Stiftungswesen seit 1933 betreut und die Stiftungsabteilung aufgebaut" habe. In Anbetracht der westlichen Besatzungsmächte nannte er eigens seine „englischen und französischen Sprachkenntnisse".[459]

Im Magistrat und in der Stadtverwaltung wird es keine (einflußreichen) Widersacher gegeben haben, denn innerhalb eines Monats lag ein Magistratsbeschluß vor: der war vom Personalamt angefertigt worden, das damals dem Stadtrat Rudolf Menzer unterstand. Zwar wollte der Magistrat seinem ehemaligen Mitglied keine hauptamtliche Beschäftigung gewähren, aber Müller sollte „soweit ein dienstliches Bedürfnis vorliegt, mit Sonderaufgaben und als Gutachter" beauftragt werden. Vor allem jedoch erklärte sich der Magistrat „damit einverstanden", daß er „bis zur endgültigen Regelung der Besetzung der Stelle des Leiters der Städt. Rechtsstelle zunächst interimistisch in dieser Stelle beschäftigt wird." „Entsprechend beschloß der Magistrat am 24. April 1948, ihn mit „Sonderaufträgen und als Gutachter" zu beschäftigen sowie „interimistisch" als Leiter der Rechtsstelle einzusetzen.[460]

Müller ging sehr geschickt vor, um den „Fuß in die Tür" zu bekommen, indem er nun ohne Bezahlung für die Stadt arbeitete.[461] Deshalb wurde er wohl gleich kommissarischer Leiter des Rechtsamts. Von dort setzte er zum Sprung auf die Leitungsstelle der Stiftungsabteilung an, denn es lag ihm vor Augen, daß der Amtsinhaber Dr. Schlotter mit 72 Jahren nicht mehr lange für die Stadt arbeiten werde. Bald beendete Schlotter seine Tätigkeit und Müller hatte nach wenigen Monaten diese gewünschte Position. Jetzt ging er im nächsten Schritt die Bezahlung an. Daß „Müller seine Arbeit bisher ohne

---

[459] Zitate siehe PA 65.185, Bl. 249, vom 23.03.1948.

[460] Zitate siehe PA 65.185, Bl. 265f., 269, 275.

[461] Das scheint der Grund dafür zu sein, daß es an Unterlagen in den Ämtern zu seiner erneuten Tätigkeit und seinen Aufgaben mangelt. Müller selbst informierte nämlich Ende November 1948 das Personalamt: „Seit dem 1. Mai d. Js. bin ich für die Stadt Frankfurt tätig, zunächst als komm. Leiter der Rechtsstelle, seit 1. Oktober d.Js. als Leiter der Stiftungsabteilung. Ich habe meine Arbeit bisher ohne besonderes Entgelt geleistet", PA 65.185, Bl. 276, vom 30.11.1948. Kann es sein, daß das Personalamt die Daten benutzte, welche es zuvor von Müller erhalten hatte, siehe PA 65.185, Bl. 286, vom 13.04.1949? Immerhin hatte das Personalamt die Formulierung vom „Entgelt" wörtlich von Müller übernommen.

besonderes Entgelt geleistet"[462] hatte, war in Anbetracht der inflationär geschwächten Reichsmark kein großer Verlust für ihn gewesen. Als jedoch seit dem 20. Juni 1948 mit der Deutschen Mark eine stabile und vertrauenserweckende Währung sich etablierte, wurde das Thema Bezahlung verlockender. Und es wurde drängender, weil eine hessische Sparverordnungen ab dem 1. August 1948 seine Pension von 900 DM auf 600 DM verringerte. Deshalb wandte sich Müller, nachdem er ein halbes Jahr „für die Stadt Frankfurt am Main ehrenamtlich tätig" gewesen war, an das Personalamt und bat um eine Entlohnung: Für die Höhe des Gehaltes wünschte er sich den Ausgleich der Reduktion rückwirkend seit dem 1. August. Dieser Wunsch wurde nicht sogleich erfüllt. Erst im März 1949 legte das Personalamt dem Magistrat einen Beschlußentwurf vor. Demnach sollte an Müller „mit Wirkung vom 1.1.49 gegen eine monatliche Vergütung von 300.- DM die Leitung der Stiftungsabteilung und die Erledigung aller in dieser anfallenden Aufgaben im Einvernehmen mit dem zuständigen Amtsdezernenten übertragen"[463] werden. Aufgrund der anscheinend zwischenzeitlich erfolgten internen Beratungen stimmte der Magistrat dem zu, so daß Müller zwar nicht ab dem 1. August 1948, aber immerhin rückwirkend ab dem 1. Januar 1949 sein Gehalt bekam.

Die wesentliche Bestimmung im Dienstvertrag mit der Stadt vom April 1949 war: „Herrn Stadtrat a.D. Dr. Müller wird mit Wirkung vom 1.1.1949 die Leitung der Stiftungsabteilung .... übertragen." Damit konnte er in gesicherter Stellung seine frühere Tätigkeit wieder aufnehmen und fortsetzen. Darüber hinaus ließen sich vor diesem Hintergrund seine Erfahrungen auch für persönliche Zwecke einsetzen. Vor allem war er nun wieder Herr über die noch vorhandenen Akten dieser Abteilung, die zwischen 1933 und 1945 maßgeblich an der Ausplünderung und Beseitigung von Frankfurter Stiftungen mitgewirkt hatte. Er war somit in der Lage, falls notwendig, zu seinem eigenen Schutz geeignete Maßnahmen zu ergreifen. Und er konnte die Erinnerungen an diese Stiftungen prägen, dann wohl eher in dem Sinne, keine klaren Erinnerungen aufkommen zu lassen, damit niemand fragte, wer für die Vernichtung verantwortlich gewesen ist.
Mit seinem Dienstvertrag hatte Müller einen hohen Grad an Flexibilität für diesen Aufgabenbereich erhalten: „Von der Einhaltung bestimmter

---

[462] PA 65.185, Bl. 282, Personalamt, vom 29.03.1949.
[463] Zitate und Nachweise siehe PA 65.185, Bl. 286, 276, 282.

Dienstzeiten ist Herr Stadtrat a.D. Dr. Müller befreit." Weil dies nur eine Teilbeschäftigung war, durfte der promovierte Jurist sogar zugleich als Rechtsanwalt tätig sein. Es wurde nur festgelegt, daß er nicht gegen seinen Arbeitgeber, die Stadt, anwaltlich agiert: „Dr. Müller wird bei ausseramtlicher Tätigkeit, insbesondere als Verwaltungsanwalt, nicht für Gegner der Stadt Frankfurt bei der Verfolgung ihrer gegen die Stadt Frankfurt gerichteten Interessen tätig werden." Und Müller erhielt ein Gehalt: Er „erhält ... eine monatlich im voraus zu zahlende Vergütung in Höhe des Unterschieds zwischen den Versorgungsbezügen, wie sie sich nach den Bestimmungen des Deutschen Beamtengesetzes errechnen, und dem nach den hessischen Sparverordnungen gekürz[t]en Ruhegehalt".[464]

Müller leitete die Frankfurter Stiftungsabteilung die kommenden Jahre. Als er sich seinem 68. Geburtstag näherte, kamen in der Stadtverwaltung Überlegungen zu seiner Nachfolge auf. So wurde von seiten der Stadtkanzlei angeregt, mit diesen Aufgaben den blinden Rechtsrat Dr. Roos zu beauftragen. Die Stadt wollte bei Müller nicht einen Präzedenzfall schaffen, man könne als Angestellter über das vollendete 68. Lebensjahr hinaus tätig sein. Zugleich scheint es aber das Bestreben gegeben zu haben, ihn möglichst lange zu beschäftigen. Es ist davon auszugehen, daß dies sein Wunsch war. Deshalb fand die Stadt folgende Lösung. Es „bliebe der Weg zu suchen, ihm die Einarbeitung des Herrn Rechtsrat Dr. Roos auf der Basis eines Werkvertrages zu übertragen. Diese Einarbeitung könnte sich für einige Zeit hinziehen."[465] Statt Dr. Roos bis zum Erreichen von Müllers Altersgrenze einzuarbeiten, verlegte man dies auf die Zeit danach.

Müllers Dienstzeit hätte regulär am 31. März 1957 geendet; er war am 16. Februar 1889 geboren worden. „Als Abschlußtermin ist der 30.09.1957 vorgesehen. Tatsächlich wird also Herr Stadtrat Dr. Müller erst zu diesem Zeitpunkt ausscheiden." Es war folglich eine Einarbeitungszeit von sechs Monaten genommen worden. Müller wurde weiterhin bezahlt, nämlich durch eine „Vereinbarung": Im Rahmen des Werkvertrages sollte er „auch die Restarbeiten für die ... ´Geschichte der Frankfurter Stiftungen´ erledigen";

---

[464] Zitate siehe PA 65.185, Bl. 290, vom 25.04.1949.
[465] PA 65.185, Bl. 317, Stadtkanzlei, vom 14.02.1957.

diese Erwartung hatte der Oberbürgermeister an ihn. Müller stimmte dem zu. Mit einem Magistratsbeschluß wurde dieser Werkvertrag rechtsgültig.[466]

Durch die Veröffentlichung des Stiftungsbuches unternahm Müller einen weiteren wesentlichen Erfolgsschritt zu seiner gesellschaftlichen Etablierung. Wie weit ihm dies gelang, zeigt eine Aussage aus dem Jahr 1963 über Müllers Tätigkeit als Höchster Bürgermeister und danach. Heinz Knoth charakterisierte in seinem Buch über Höchster Bürgermeister auch Müller und dessen Wirken: „Aber Müller löste sie [die Eingemeindung, GSt.] mit viel Geschick und behielt das Wohl der Stadt im Auge, soweit das Gesetz es zuließ. Heute lebt …" Hierbei bleibt der Zeitraum der zweiten Hälfte der Passage offen: Ging Müller gemäß Knoth bis an den Rand des Erlaubten im Rahmen der Eingemeindung, in den Schlußjahren der Weimarer Republik – also auf Frankfurts Kosten – oder im „Dritten Reich" – auf Kosten der Nationalsozialisten etwa? – oder nach 1945 – also auf Kosten der Alliierten? Oder hat der Autor, ein zeitweiliger Mitarbeiter des Stadtarchivs, die verharmlosende Diktion der Nachkriegszeit über die Ausplünderung der eigenen jüdischen Nachbarn bewußt gewählt? Knoth schrieb noch mit Bezug auf die NS-Zeit zu Müller: „Später übernahm er andere Aufgaben …"[467] Der Autor scheint gewußt zu haben, warum er plötzlich so allgemein und zugleich schweigsam wurde.

Müller schrieb 1955 in einem Büchlein über „600 Jahre Höchst am Main" zum Zeitraum zwischen der NS-Herrschaft und der alliierten Besatzung Frankfurts - im Vergleich zu anderen Aussagen jener Veröffentlichung – relativ ausführlich: „Sofort öffneten die Insassen der großen Gefangenenlager ihre Gitter und erlangten die Freiheit. Sie fingen an, die Bürgerschaft unter Schreckensherrschaft zu setzen. Es bildete sich ein Selbstschutz verständiger Bürger …, der es aber nicht verhindert konnte, daß in der Nähe der einstigen Gefangenenlager deutsche Radfahrer von den Ausländern überfallen und ihrer Räder, Uhren und sonstigen Wertsachen beraubt wurden, daß leider auch wertvolle junge Mitbürger dabei das Leben

---

[466] Zitate und Nachweise siehe PA 65.185, Bl. 388, 340, 318, 343, 320, 322, 330, 337f.
[467] Zitate siehe Knoth, Zeit- und Lebensbilder, S. 20f.

lassen mußten."[468] In seinen maschinenschriftlich verfaßten Aufzeichnungen: ‚Erlebnisse in den ersten Tagen der amerikanischen Besatzung", datiert mit „9.6.45", hatte Müller dies anders dargestellt. Dort berichtete er zuerst von „Plünderern, unter denen sich viele angesehene Mitbürger befinden", danach schrieb er: „Einige mir bekannte Mitbürger …" Der Beginn der Bildung dieses Selbstschutzes lag also zeitlich danach, und Müller stellte die Organisation des Selbstschutzes anschließend im Zusammenhang von Plünderungen durch Zwangsarbeiter dar, wobei er keine Gewalt von ihnen erwähnte, schon gar keinen Mord, nur das „Ringe, Schmucksachen und Uhren abgenommen" wurden.[469] Er behauptete jedoch 1955: „Ebensowenig konnte verhindert werden, daß die im Höchster Güterbahnhof stehenden, mit Lebensmitteln beladenen Güterzüge zunächst von den Ausländern, später auch von der Bevölkerung ausgeplündert wurden." Diese Reihenfolge von 1955 steht im Widerspruch zu den früheren Notizen, als zuerst „angesehene" Bürger plünderten. „Von Höchst gingen aber die ersten Versuche aus, wieder für Ordnung zu sorgen."[470] Damit lobte er sich anscheinend selbst. Zugleich ist seine Darstellung von 1955 auch bezeichnend in bezug auf die Zwangsarbeiter. Denn Müller ging hier auf diese Unterdrückung nicht ein; dabei war er als Aufsichtsratsmitglied mittelbar Nutznießer von Zwangsarbeitern dieser Unternehmen gewesen. Sie werden von ihm nur als Gefangene bezeichnet, nicht als „Fremdarbeiter", d. h. die Ausbeutung durch Deutsche wurde nicht thematisiert wie auch nicht der Schrecken, unter dem „Displaced Persons" zuvor gelitten hatten. Müller war sich offenkundig nicht zu schade, zehn Jahre nach seinem Mitwirken im NS-Terrorstaat über diese Verbrechen hinwegzusehen und gleichzeitig anderen Menschen leichte bis schwere Verbrechen vorzuwerfen und dabei häßliche Vorurteile zu verstärken. Als Volljurist hätte man von ihm erwarten können, daß er nicht leichtfertig mit dem Vorwurf des mehrfachen Raubmordes umging.

---

[468] Müller, Jahre, S. 46. Siehe zum Selbstschutz die Darstellung in Bermejo, Opfer, S. 118f.
[469] Zitate und Nachweise siehe Nachlaß S1/25, Nr. 3, Bl. 17, 20, 30, 42. Müller war gemäß seinen Notizen nicht im Selbstschutz involviert; er gibt auch keinen Hinweis auf die Benutzung seiner Dienstwaffe, deren Existenz er nicht erwähnte.
[470] Müller, Jahre, S. 46.

13. Mitarbeit beim Deutschen Paritätischen Wohlfahrtsverband

In den 50er Jahren hat Müller einige, zumeist kurze Informationsbeiträge für die DPWV-Nachrichten geliefert.[471] Er gehörte seit 1955 als Beisitzer dem Vorstand an und wirkte als „Berater" „besonders in Steuer- und Rechtsfragen".[472] Wohl 1957„übernahm er das Ehrenamt des Justitiars im Deutschen Paritätischen Wohlfahrtsverband"[473] bis mindestens 1964.

Es ist verwunderlich oder bezeichnend, wie dort in den Verbandsnachrichten zu Müllers NS-Aktivität in den 50er Jahren geschrieben wurde: In der Rezension seines Buches „Stiftungen für Frankfurt", von der er sehr wahrscheinlich zuvor Kenntnis hatte oder sie vielleicht selbst formulierte, wurde die Vernichtung jüdischer Stiftungen wie ein von außen kommendes Geschehen dargestellt als „Vorgehen des nationalsozialistischen Staates gegen viele Stiftungen".[474] Auch bei Würdigungen von ihm erfolgten Fehler zu seiner Vita, so beispielsweise im Jahr 1957: „Auch nach seiner Pensionierung im Jahre 1948 stand Stadtrat Dr. Müller bis jetzt ehrenamtlich der Stiftungsabteilung der Stadt Frankfurt vor".[475] Seine Tätigkeit als Stadtrat endete im Mai 1945 und er wurde im Mai 1948 wieder für die Stadt tätig, aber zuerst nicht in dieser Funktion. Konnte man im Deutschen Paritätischen Wohlfahrtsverband nicht wissen, daß Müller seit Jahren gegen Entlohnung für die Stadt Frankfurt tätig war? Zwei Jahre später hieß es zu ihm: „Nach dem Kriege übernahm er die Leitung der Stiftungsabteilung".[476] Auch hier war es ein falsches Datum. Die Behauptung seiner Pensionierung für 1948 überdeckte seine Entlassung als NSDAP-Mitglied gegen Kriegsende. Die Bezeichnung als Stadtrat ohne „a.D." vermittelte den Eindruck, es sei als ehrenamtliches Magistratsmitglied mit einem Dezernat

---

[471] Siehe u.a. Müller, Steuerbegünstigungen; Müller, Bewertung; Müller, Grundsteuerbefreiung; Müller, Bundesrückerstattungsgesetz; Müller, Kriegsfolgengesetz; Müller, Erleichterungen.

[472] Nachweis und Zitate siehe DPWV-Nachrichten, 5, 1955, H. 12, S. 2; siehe auch DPWV-Nachrichten, 7, 1957, H. 4, S. 9; ebenda, 9, 1959, S. 35.

[473] HHStAW, 650A, 32.923, vom 24.04.1964. (Es ist noch zu prüfen, ob dies von ihm honorarfrei, nur gegen eine Aufwandsentschädigung ausgeübt wurde.)

[474] DPWV-Nachrichten, 8, 1958, H. 11, S. 9.

[475] DPWV-Nachrichten, 7, 1957, H. 4, S. 9f.

[476] DPWV-Nachrichten, 9, 1959, S. 35. In beiden Fällen war es ein unzutreffender Begriff, nämlich der Terminus „Stiftungsabteilung" aus der NS-Zeit statt des seit den 50er Jahren verwendeten Wortes „Stiftungsaufsicht".

beauftragt worden, was in Frankfurt am Main zeitweise geschehen ist. Die Behauptung von 1958 führt dazu, beim Lesen davon auszugehen, er sei an der Auslöschung jüdischer Stiftungen nicht beteiligt gewesen.

In einem Beitrag über „Schäden durch das NS-Regime an Mitgliedseinrichtungen des DPWV" ging Müller 1959 überblicksartig auf Erstattungen zu Verfolgungsraub und Kriegs- sowie Inflationsfolgen ein und welche Möglichkeiten bestehen würden, Entschädigungen oder Ausgleichszahlungen zu erhalten. Seine Basis dazu war eine „Umfrage über die wirtschaftliche Situation der Einrichtungen der Freien Wohlfahrtspflege" gewesen, wobei sie vom DPWV „einen zusätzlichen Abschnitt über Schäden durch das NS-Regime" enthielt. An „frühere Stiftungen oder gemeinnützige Organisationen aus jüdischen Spenden" konnte diese Zusatzfrage aber, so Müller, „nicht gerichtet werden, denn diese seien „während der Nazi-Zeit … ziemlich restlos vernichtet worden." Und es seien auch kaum welche „wieder zu neuem Leben gekommen", weil, so sein impliziter Vorwurf, die jüdische „Nachfolgeorganisation" IRSO, die „greifbaren Vermögensstücke" „zu ihren Gunsten eingezogen" habe.[477]

Müller nutzte vielleicht auch die publizistische Plattform der DPWV-Nachrichten, um dort die unzutreffende Behauptung zu verbreiten resp. verbreiten zu lassen, man habe in Frankfurt das Kinderdorf Wegscheide durch Umwandlung von einer GmbH in eine Stiftung vor einem Zugriff von Nationalsozialisten schützen wollen (siehe Kapitel 5.3).

14. Ehrungen

In der Zeit des „Dritten Reiches" wurde Müller im Oktober 1934 mit dem Ehrenkreuz für Frontkämpfer des Ersten Weltkriegs ausgezeichnet, obwohl er nur zwei Wochen an Stellungskämpfen teilgenommen hatte, 1937 mit der „Faschistischen Erinnerungsmedaille" sowie schließlich mit dem Kriegsverdienstkreuz 2. Klasse im September 1942.[478]

---

[477] Zitate siehe Müller, Schäden, S. 30.
[478] Nachweise siehe HHStAW, 520F, R 4704, K 2185, Bl. 3, 44, 87. Müller wurde im Auftrag des italienischen Generalkonsuls eine Medaille verliehen, „die die Auslandsorganisation der Faschistischen Partei hat prägen lassen zur Erinnerung an

Die goldene Ehrenplakette des Paritätischen Wohlfahrtsverbandes wurde ihm 1955 zur Bundestagung in Frankfurt verliehen.[479] Er erhielt sie für sein Engagement in dem Verband sowie in „Anerkennung seiner erfolgreichen Tätigkeit für das Stiftungswesen", ja, für „das deutsche Stiftungswesen".[480] Setzt man diese Rühmung in Beziehung zum Eigenlob der Frankfurter NS-Regierung: „´Die Regierung ist erst durch die zahlreichen von hier ausgelösten Anträge ... auf die Bedeutung des Stiftungswesens allgemein aufmerksam gemacht worden´"[481] und damit auf die Idee gebracht worden, sie auszuplündern, dann wird dessen unglaubliche Falschheit deutlich. Darüber hinaus fehlt es an Kenntnissen, was Müller für das deutsche Stiftungswesen über Frankfurt hinaus geleistet hat, außer durch seine Rechtsberatung für den Deutschen Paritätischen Wohlfahrtsverband und wenige kleine Artikel in dessen Nachrichten.

Müller wurde mit der Ehrenplakette der Stadt Frankfurt am Main im Jahr 1957 geehrt.[482] Zur Begründung wurde neben seinen dienstlichen Tätigkeiten nur genannt: „als Verfasser zahlreicher kommunalpolitischer Aufsätze und Schriften, vor allem der ´Geschichte der Frankfurter Stiftungen´." Die Publikationen, die von ihm ermittelt werden konnten, sind insgesamt gesehen relativ wenige und zumeist ziemlich kurz. Sie zeigen zumeist kein hohes Niveau. In der Regel sind sie pragmatisch orientiert, auf seine berufliche Tätigkeit bezogen oder aus ihr stammend, also vergütet worden; zum Teil werden die Texte oder Textbestandteile von Mitarbeitern formuliert worden sein.[483] Für die bezahlten Arbeiten hätte eine solche

---

den Berliner Besuch" des Duce, siehe Stadtwerke 446, vom 02.12., 07.12 und 08.12.1937. Eine Rolle wird Müllers Aktivität 1937 bei einem Grundstück für das italienische Generalkonsulat, u. a. Bockenheimer Landstraße 102, gespielt haben, siehe Stadtwerke 493.

[479] Siehe DPWV-Nachrichten, 7, 1957, H. 4, S. 9; ebenda, 9, 1959, S. 35; Sammlung Personengeschichte S2/1.422, Frankfurter Rundschau, vom 01.04.1957.

[480] Zitate siehe DPWV-Nachrichten, 5, 1955, H. 12, S. 2, 8.

[481] Z. B. Kingreen, Politik, S. 229.

[482] Siehe Internetauftritt der Stadt Frankfurt am Main [Stand: Juli 2018].

[483] Siehe z. B. „Wohnungsbautätigkeit und Wohnungsbedarf in Frankfurt a. M. [incl.] Ergänzung, Frankfurt am Main 1939": Das Typoskript ist realiter ein kleiner Vermerk an den NS-Oberbürgermeister vom 6. Februar 1939 mit einer kurzen Ergänzung vom 9. März 1939 und stellt weitgehend oder gar vollständig eine Arbeit städtischer Mitarbeiter dar. Oder siehe die Veröffentlichung ohne Namensangabe

Ehrung nicht erfolgen sollen, und seine Aktivität in und für Stiftungen lag sehr nahe an seinen beruflichen Aufgaben. Müller war kein unpolitischer Verwaltungsfachmann oder gar ein politikferner Homme de lettres, als der er sich anscheinend für seine Verteidigungsverfahren und anschließend für seine Ehrungen ausgab. Sein Buch über Frankfurter Stiftungen war im übrigen teilweise eine dienstlichen Aufgabe aus der NS-Zeit gewesen. Das sowie seine Beteiligung über 12 Jahre am NS-Unrecht - als „Rechts"-Dezernent - wurden 12 Jahre nach dem Ende des „Tausendjährigen Reiches" nicht mehr gesehen.

Das Bundesverdienstkreuz 1. Klasse erhielt Müller durch eine entsprechende Anregung des Vorstandes des Deutschen Paritätischen Wohlfahrtsverbandes. Der Frankfurter
Oberbürgermeister befürwortete diesen Vorschlag: „Herr Dr. Müller geniesst einen guten Ruf". Es wird auf die Verleihung der Ehrenplakette und dessen Begründung verwiesen. Der Antrag lief weiter über den Regierungspräsidenten in Wiesbaden an den Hessischen Minister für Arbeit und stellte fest: „Nach dem Ausscheiden … aus dem Dienste der Stadt Frankfurt am Main übernahm er das Ehrenamt des Justitiars im Deutschen Paritätischen Wohlfahrtsverband". Hier wird dann die Passage zur Ehrenplakette übernommen. Der teilte dann die für Müller erfreuliche Nachricht mit: „Auf Vorschlag des Herrn Ministerpräsidenten hat der Herr Bundespräsident … mit Urkunde vom 14. August 1964 das Verdienstkreuz I. Klasse … verliehen."[484] Weil Müllers Aufsätze schon für seine Ehrenplakette gewürdigt worden waren, bekam er das Bundesverdienstkreuz 1. Klasse de facto für sein Wirken als Justitiar dieses Verbandes für einige Jahre – seine verbrecherischen Tätigkeit im „Dritten Reich" war vergessen und nun mit dem staatlichen Orden zugedeckt worden.

über „Altsparer-Entschädigung" in den DPWV-Nachrichten 1957, die hier nur eine Seite hatte statt seines Heftes mit 32 angeführten Seiten, wobei der erste Substantiv im Titel hier im Singular steht.
[484] Nachweise und Zitate siehe HHStAW, 650A, 32.923, die Schreiben vom 07.04.1964, 24.04.1964 und 31.08.1964.

15. Fazit

Bruno Müller war nicht ein Frankfurter Stadtrat „für" Stiftungen, sondern „gegen" sie: „Frankfurt war die Großstadt mit dem höchsten jüdischen Bevölkerungsanteil im Deutschen Reich. Die Stadt bereicherte sich in der NS-Zeit systematisch am Besitz jüdischer Bürger und Institutionen. Bei den städtischen Raubzügen war der aus völkisch-antisemitischen Kreisen kommende Oberbürgermeister Krebs, der als Landgerichtsrat ohne Erfahrung in der Kommunalverwaltung war, in besonderem Maße auf die Zuarbeit leitender Beamter angewiesen."[485] Die NS-Stadtverwaltung agierte eifrig, „jüdische" oder „paritätische" Stiftungen zu „arisieren"; teilweise half ihr anscheinend der Regierungspräsident, anderen NS-Organisationen zuvorzukommen. Für diese „beispiellose Bereicherungspolitik"[486] verstießen städtische Mitarbeiter endlos gegen Recht und Gesetz. Frankfurt förderte zudem das reichsweite Vorgehen des NS-Staates gegen Stiftungen.[487]

Das NSDAP-Mitglied Bruno Müller war für die Stadtverwaltung Frankfurt am Main als Rechtsdezernent im Unrechtsstaat und Leiter der Stiftungsabteilung bei der Vernichtung jüdischer Stiftungen zentral aktiv gewesen. Auch er wollte Beute für die Raubmörderbande machen. Und dabei profitierte er finanziell. Er wollte die „Zusammenarbeit mit Baal", wie die treffende Bezeichnung von Otto Gerhard Oexle zur Beziehung mancher Wissenschaftler zum Nationalsozialismus lautet; sie läßt sich auf einen Kommunalpolitiker wie Müller übertragen. Zu den weiteren Betätigungsfeldern für den ehrgeizigen Müller gehörte damals zeitweise die politische Führung des Bauamtes. Dort war er verantwortlich tätig in sozialrassistischer Ausbeutung menschlicher Arbeitskraft. Seine „Entnazifizierung" war – wie bei einer Unzahl von Nationalsozialisten – ein Skandal. Müller gelang es wenige Jahre nach dem „Dritten Reich", seine gesellschaftliche Position wieder herzustellen und diese dann zu festigen, so daß zu seinem offiziellen Dienstende die veröffentliche Meinung erklärte, er

---

[485] Kingreen, Aneignung.
[486] Priepke/Görner, Stiftungen, S. 6.
[487] Siehe Kingreen, Aneignung; Kingreen, Stadtverwaltung, S. 249.

werde als ein „liebenswürdiger Mensch hoch geschätzt" und sei ein „Förderer der Wohlfahrt".[488]

Nach dem Ende des „Dritten Reiches" behauptete Müller, um das Bild der Vergangenheit zu beschönigen, eine ältere Entstehung des Goldenen Buches der Stiftungen; sie ist bis in diese Tage medial verbreitet worden. Seine Monographie „Stiftungen für Frankfurt am Main" ist wie in der Neuauflage von 2006 „Stiftungen in Frankfurt am Main. Geschichte und Wirkung" mit größter Skepsis zu „genießen". Er war es, „der sich nach dem Krieg als Bewahrer der Frankfurter Stiftungstradition aufspielte", obwohl er „einen Großteil von ihnen im Dienst des Systems der Auflösung zugeführt" (Ralf Roth) hatte.[489] Ungeachtet der dargelegten Funde ist weiterhin das Diktum berechtigt: „Das ´Loch in der Frankfurter Geschichtsbeschreibung für die Zeit von 1933-1945´ ... muß erst noch gefüllt werden".[490]

---

[488] Zitate siehe Sammlung Personengeschichte S2/1422, Frankfurter Rundschau, vom 01.04.1957; vgl. ebenda, Frankfurter Allgemeine Zeitung, vom 27.10.1964.
[489] Zitate siehe Roth. Merton, S. 172.
[490] Kingreen, Aneignung. Die Ausführungen von Christoph Cornelißen im Historischen Museum, Frankfurt am Main, am 21.03.2019 bei der Tagung „Frankfurt und der Nationalsozialismus" haben dies letztendlich bestätigt.

16. Archivalien

Archiv der Johann Wolfgang Goethe-Universität [= UAF]
Abt. 130 Nr. 3

Hessisches Hauptstaatsarchiv, Wiesbaden [= HHStAW]
520F, R 4704, K 2185
649 17-205-2 54, Microfiche
650A 32.923

Institut für Stadtgeschichte, Frankfurt am Main [= ISG]
Fürsorgeamt 627
Höchst 1.396, Höchst 1.721
Höchster Kreisblatt
Kulturamt 829
MA 4.053, MA 4.128, MA 4.146, MA 4.212, MA 4.700, MA 5.087, MA 5.327+8, MA 5.586-8, MA 5.800, MA 6.463, MA 7.816, MA 8.234, MA 8.852, MA 9.200, MA 9.420, MA 9.506, MA 9.577, MA 9.614+5, MA 9.631
MA-Nachtrag 114, MA-Nachtrag 122, MA Nachtrag 148
MA P 197, MA P 215, MA P 217
Manuskripte S6a/23, Manuskripte S6a/24
Nachlaß Bruno Müller S1/25, Nr. 3
PA 65.185+6, PA 71.335, PA 94.260
Pia Sammlung S6b/38-50
Rechneiamt IV/2
Sammlung Ortsgeschichte, S3/M 25.406, Sammlung Ortsgeschichte, S3/M 25.407, Sammlung Ortsgeschichte, S3/M 27.565, Sammlung Ortsgeschichte, S3/M1111.999
Sammlung Personengeschichte S2 1.422
Schulamt 231, Schulamt 2.174, Schulamt 5.051, Schulamt 5.065
Stadtkämmerei 2.449
Stadtwerke 446, Stadtwerke 455, Stadtwerke 478, Stadtwerke 488, Stadtwerke 493, Stadtwerke 501
Städtisches Anzeigeblatt
Stiftung Frankfurter Schullandheim Wegscheide, II/2018-59, Bd. 1, 7

Stiftungsabteilung 75, Stiftungsabteilung 128, Stiftungsabteilung 141,
Stiftungsabteilung 201, Stiftungsabteilung 211, Stiftungsabteilung 219,
Stiftungsabteilung 287, Stiftungsabteilung 416, Stiftungsabteilung 466,
Stiftungsabteilung 489, Stiftungsabteilung 551, Stiftungsabteilung 580,
Stiftungsabteilung 1.031
Wohlfahrtsamt 1.860
Zeitbilder S7Z 1933, 404
Verwaltungsbericht der Stadt Frankfurt a.M. über das Haushaltsjahr
1934/35. Erstattet von Oberbürgermeister Staatsrat Dr. Krebs.
Verwaltungsbericht der Stadt Frankfurt a.M. über das Haushaltsjahr
1935/36. Erstattet von Oberbürgermeister Staatsrat Dr. Krebs.
Verwaltungsbericht der Stadt Frankfurt a.M. über das Haushaltsjahr
1936/37. Erstattet von Oberbürgermeister Staatsrat Dr. Krebs.
Webseite, Stadtchronik [Stand: 16.10.-18.10.2018]

Landesarchiv Berlin [= LA Berlin]
B Rep. 142-07 Nr. 1-2-6/2, Bd. 2, vom 15.08.1938

Stadtverwaltung Frankfurt am Main, Rechtsamt, [Xerokopie vom]
Erinnerungsbuch der Stiftungen [= „Original" ist ISG, Stiftungsabteilung
551]

17. Literaturverzeichnis

[ohne Autor], Wegscheide 1920-1940 [/] Das größte Schullandheim Deutschlands. 20 Jahre Wegscheide!, Frankfurt am Main 1940.

Bardorff, Wilhelm, 20 Jahre Frankfurter Schullandheim Wegscheide. Zum 70. Geburtstag seines Schöpfers, in: Frankfurter Wochenschau, 1941, S. 109f.

Bauer, Thomas, „Mit lebhaftem Bedauern und aufrichtigem Dank". Der Mitteldeutsche Kunstgewerbe-Verein in der Zeit des Nationalsozialismus, Frankfurt am Main 2016.

Bauer, Thomas, Das „Goldene Buch der Stiftungen" und seine Entstehungsgeschichte, Typoskript 2019, Webseite, Stadt Frankfurt am Main [ins Internet eingestellt ca. Juni 2019].

Bauer, Thomas, In guter Gesellschaft. Die Geschichte der Polytechnischen Gesellschaft in Frankfurt am Main, Frankfurt am Main/Wiesbaden 2010.

Bauer, Thomas, Das St. Katharinen- und Weißfrauenstift im Nationalsozialismus, in: www. frankfurt1933-1945.de (Stand: 16.09.2008).

Bauer, Thomas, Maier, Tilo, Impulse für Frankfurt und die Region. Geschichte und Gegenwart der Mainova Aktiengesellschaft, Frankfurt am Main 2012.

Becht, Lutz, Ausländische Arbeitskräfte und Arbeitseinsatz in Frankfurt am Main, in: Archiv für Frankfurts Geschichte und Kunst, 65, 1999, S. 422-472.

Becht, Lutz, „Die ganze Stadt war ein Zwangsarbeiterlager" – Zwangsarbeit in Frankfurt am Main, in: www.frankfurt1933-1945.de (Stand: 21.08.2003).

Bermejo, Michael, Die Opfer der Diktatur. Frankfurter Stadtverordnete und Magistratsmitglieder als Verfolgte des NS-Staates, Frankfurt am Main 2006.

Besseler, Fedor, Die Zacharias Wertheimber'sche Stiftung in Frankfurt am Main (1933-1939). Die Auflösung jüdischer Stiftungen im Spiegel der Antisemitismustheorie bei Moishe Postone, Seminararbeit Historisches Seminar, Goethe-Universität, Sommermester 2015, in: https://www.academia.edu/36752338/Die_Zacharias_Wertheimbersche_Stift ung_in_Frankfurt_am_Main_1933-1939_Die_Aufl%C3%B6sung_ j%C3% BCdischer_Stiftungen_im_Spiegel_der_Antisemitismustheorie_bei_Moishe _Postone.

Borchmann, Michael, Breithaupt, Dankwart, Kaiser, Gerrit, Kommunalrecht in Hessen, Stuttgart 3. Aufl. 2006.

Dokumente zur Geschichte der Frankfurter Juden 1933–1945. Hg. von der Kommission zur Erforschung der Geschichte der Frankfurter Juden. Bearb. von Dietrich Andernacht und Eleonore Sterling, Frankfurt am Main 1963.

Dreßler, Ulrich, Die Spielregeln der Demokratie in den hessischen Gemeinden. 210 Jahre Magistratsverfassung, Blickpunkt Hessen, 11/2017.

Drummer, Heike, Der „Brunnen des deutschen Handwerks". Ein Beitrag zum Selbstverständnis der Stadt Frankfurt im Nationalsozialismus, in: kritische berichte. Zeitschrift für Kunst- und Kulturwissenschaften, 23, 1995, H. 2, S. 58-65.

Drummer, Heike: Krebs, Friedrich. In: Frankfurter Personenlexikon (Onlineausgabe), http://frankfurter-personenlexikon.de/node/2987, (Stand des Artikels: 12.9.2015).

Drummer, Heike, „... dem Wahren, Schönen und Guten zu dienen." Friedrich Krebs (1894-1961) – Oberbürgermeister in der NS-Zeit, in: Archiv für Frankfurts Geschichte und Kunst, 73, 2012, S. 195-222.

Drummer, Heike, Zwilling, Jutta, Marie Pfungst: Erbin, Stifterin und Opfer des Holocaust, in: www.frankfurt1933-1945.de (Stand: 26.10.2015).

Drummer, Heike, Zwilling, Jutta, Wir geben Ihnen Raum. 90 Jahre Unternehmensgruppe Nassauische Heimstätte Wohnstatt, Frankfurt am Main 2012.

Eckhardt, Dieter, „Soziale Einrichtungen sind Kinder ihrer Zeit ...“ Von der Centrale für private Fürsorge zum Institut für Sozialarbeit 1899-1999, Frankfurt am Main 1999.

Eizenhöfer, Doris, Die Stadtverwaltung Frankfurt am Main und die „Arisierung“ von Grundbesitz, in: Mecking, Sabine, Wirsching, Andreas, Hg., Stadtverwaltung im Nationalsozialismus. Systemübergreifende Dimensionen kommunaler Herrschaft, Paderborn [u. a.] 2005, S. 299-324.

Falk, Georg D., Entnazifizierung und Kontinuität - Der Wiederaufbau der hessischen Justiz am Beispiel des Oberlandesgerichts Frankfurt, Marburg 2017.

Giel, Rüdiger, Die Stadt Dillenburg im Jahr 1933. Die Absetzung des Bürgermeisters Fritz Kupfrian durch die Nationalsozialisten, in: Nassauer Annalen, 113, 2002, S. 435-465.

Gruenewaldt, Arthur von, Die Richterschaft des Oberlandesgerichts Frankfurt am Main in der Zeit des Nationalsozialismus. Die Personalpolitik und Personalentwicklung, Tübingen 2015.

Gruner, Wolf, Öffentliche Wohlfahrt und Judenverfolgung. Wechselwirkung lokaler und zentraler Politik im NS-Staat (1933-1942), München 2002.

Heckötter, Anna, „Das Hauptsammelgebiet ist natürlich die deutsche Kunst“ - Die Liebieghaus Skulpturensammlung zwischen 1933 und 1945, in: Archiv für Frankfurts Geschichte und Kunst, 78, 2019, S. 126-138.

Herd, Karl-Otto, Sell, Jutta, Die Wegscheide bei Bad Orb. Ein Spiegel deutscher Geschichte seit 1990; eine Dokumentation, Fuldatal 1994.

Hessische Gemeindeordnung, Die, in der Fassung vom 7. Juni 1950. Mit einer Einführung von Ministerialrat Dr. Buch, Stuttgart 2. Aufl. 1952.

Heuer, Klaus, Kremer, Kornelia, Mayer, Benno, Wetterleuchten. Niederrad von 1930-1950, Frankfurt am Main 1988.

Keine, Ralf, Die Feuerwehr Frankfurt am Main und die jüdische Bevölkerung der Stadt 1933–1945. Eine Materialsammlung zum Thema und Versuch einer ersten Dokumentation im Rahmen des Projektes „Stadtteilhistoriker" der Polytechnischen Gesellschaft zu Frankfurt am Main. in: Museums-Depesche. Informationsschrift des Feuerwehrgeschichts- und Museumsvereins Frankfurt am Main, Sonderausgabe Nr. 1, [o.J.], S. 17-28.

Kingreen, Monica, Die räuberische Aneignung „jüdischen Besitzes" durch die Stadt Frankfurt am Main, in: www. frankfurt1933-1945.de (Stand: 2003).

Kingreen, Monica, Systematische Politik der Ausplünderung. Die Aneignung ´jüdischen Eigentums´ durch die Stadt Frankfurt am Main, in: Stengel, Katharina, Hg., Vor der Vernichtung. Die staatliche Enteignung der Juden im Nationalsozialismus, Frankfurt am Main/New York, 2007, S. 226-241.

Kingreen, Monica, Raubzüge einer Stadtverwaltung. Frankfurt am Main und die Aneignung ´jüdischen Besitzes´, in: Gruner, Wolf, Nolzen, Armin, Hg., „Bürokratien". Initiative und Effizienz, Berlin 2001, S. 17-50.

Kingreen, Monica, Die Stadtverwaltung Frankfurt am Main und ihre „Arisierung" der Stiftungen jüdischer Bürger. Ein Beutezug, in: Ludwig, Andreas, Schilde, Kurt, Hg., Jüdische Wohlfahrtsstiftungen. Initiativen jüdischer Stifterinnen und Stifter zwischen Wohltätigkeit und sozialer Reform, Frankfurt am Main 2010, S. 241-252.

Klötzer, Wolfgang, Hg., (bearb. v. Reinhard Frost, Sabine Hock), Frankfurter Biographie. Personengeschichtliches Lexikon, Bd. 1, A-L, Frankfurt am Main 1994; Bd. 2 M-Z, Frankfurt am Main 1996.

Knoth, Heinz, Zeit- und Lebensbilder - Höchster Bürgermeister: 1849 bis 1928 -, Frankfurt am Main 1963.

Kramer, Nicole, Mobilisierung für die „Heimatfront": Frauen im zivilen Luftschutz, in: Steinbacher, Sybille, Hg., Volksgenossinnen. Frauen in der NS-Volksgemeinschaft. Göttingen 2007, S. 69-92.

Krause-Schmitt, Ursula, Dreibus, Werner, Hemer, Willi, Hofmann, Reiner, Hundhausen, Volkmar, [Red.], Das Wanderbuch. Zur Geschichte der Wegscheide in Bad Orb, Bad Orb 1988.

Lenarz, Michael, Stiftungen jüdischer Bürger Frankfurts für die Wohlfahrtspflege - Übersicht und Geschichte nach 1933, in: www. frankfurt1933-1945.de (Stand: 30.09.2003).

Ludwig, Andreas, Schilde, Kurt, Jüdisches Mäzenatentum zur Förderung wohltätiger Zwecke. Einleitung, Überblick und Ausblick, in: Ludwig, Andreas, Schilde, Kurt, Hg., Jüdische Wohlfahrtsstiftungen. Initiativen jüdischer Stifterinnen und Stifter zwischen Wohltätigkeit und sozialer Reform, Frankfurt am Main 2010, S. 9-28.

Lustiger, Arno, Hg., Jüdische Stiftungen in Frankfurt am Main(. Biographischer Teil mit Kurzbiographien jüdischer Stifter, Politiker und Mäzene [...]; Sachteil mit Beschreibungen von Stiftungen, Organisationen, Vereinen und Schenkungen [...] von Gerhard Schiebler), Sigmaringen 2. Auf. 1994.

Mack, Ernst, Die Frankfurter Familie von Weinberg. Im Zeichen der Kornblumenblüten, Frankfurt am Main, 2. Aufl. 2006.

Maly, Karl, Das Regiment der Parteien. Geschichte der Frankfurter Stadtverordnetenversammlung. Bd. II: 1901-1933, Frankfurt am Main 1995.

Maurer, Jakob, Wegscheide ringt mit der NS-Historie, in: Frankfurter Rundschau, 05.01.2020, [auch digital].

Mösinger, Robert, Zum 9. Mai 1939. Sechs Jahre Aufbau in Frankfurt a. M. unter Oberbürgermeister Staatsrat Dr. Krebs, in: Frankfurter Wochenschau, 1939, H. 19, S. 214-219.

Mongi-Vollmer, Eva, Alltägliches Recht, alltägliches Unrecht, in: Fleckner, Uwe, Hollein, Max, Hg., Museum im Widerspruch. Das Städel und der Nationalsozialismus, Berlin 2011, S. 147-199.

Mongi-Vollmer, Eva, Gegen den Stifterwillen: Die Auflösung der Sammlung Julius Heyman 1940, in: Mongi-Vollmer, Eva, Schmeisser, Iris, Heckötter, Anna, Eindeutig bis zweifelhaft. Skulpturen und ihre Geschichten: erworben 1933-1945, Frankfurt am Main 2017, S. 35-38.

Müller, Bruno, Achtung, Reichsschuldverschreibungen werden jetzt „aufgewertet"!, Frankfurt am Main 1958.

[ohne Namen], Achtung, Reichsschuldverschreibungen werden jetzt „aufgewertet"!, in: DPWV-Nachrichten, 7, 1957, H. 12, S. 8f.

Müller, Bruno, Altsparer-Entschädigungen für Sozialfonds der gemeinnützigen oder mildtätigen Vereine und Stiftungen, Frankfurt am Main 1957.

[ohne Namen], Altsparer-Entschädigung für Sozialfonds der gemeinnützigen oder mildtätigen Vereine und Stiftungen, in: DPWV-Nachrichten, 7, 1957, H. 7, S. 10.

Müller, Bruno, Altstadtverfall und Altstadtgesundung in Frankfurt, in: Frankfurter Wochenschau, 1938, H. 36, S. 445-447.

Müller, Bruno, Aus der Arbeit des Bauamtes. Der Ausbau des Frankfurter Strassennetzes seit 1933, Frankfurt am Main [1938].

Müller, Bruno, Vom Aufbauwillen der Stadt Frankfurt a.M. Die Bautätigkeit in Frankfurt a. M. nach dem Umbruch, in: Die nationalsozialistische Gemeinde, 5, 1937, S. 488-491.

Müller, Bruno, Das neue Baurecht, in: Das Rathaus, 3 (27) 1937, S. 99f., 102.

Müller, Bruno, Bewertung der Wertpapiere in den Stiftungsbilanzen, in: DPWV-Nachrichten, 6, 1956, H. 8, S. 4f.

Müller, Bruno, Das Bundesrückerstattungsgesetz, in: DPWV-Nachrichten, 7, 1957, H. 9, S. 10f.

Müller, Bruno, Erleichterungen bei der Grunderwerbsteuer für Organisationen des Gemeinwohls, in: DPWV-Nachrichten, 8, 1958, H. 2, S. 3.

Müller, Bruno, Frankfurts Straßennetz neugestaltet, in: Frankfurter Wochenschau, 1938, H. 23, S. 284-286.

Müller, Bruno, Grundsteuerbefreiung für Wohnstifte, in: DPWV-Nachrichten, 7, 1957, H. 5, S. 7f.

Müller, Bruno, Amtliche Grundstückstaxen in Frankfurt a.M., in: Städtisches Anzeigeblatt, 01.03.1930, Nr. 9, S. 117-119.

[Müller, Bruno,] Die Hilfsmittel zur Verbesserung des Arbeitsvorgang[e]s in der Verwaltung, in: Deutscher Spar-Dienst, 2, 1927, H. 6, S. 2-4; H. 7, S. 7.

Müller, Bruno, Hochschulbestrebungen in Frankfurt am Main in früheren Zeiten, in: Frankfurter Wochenschau, 1939, H. 26, S. 309-311.

Müller, Bruno, Die chemische Industrie im Rhein-Main-Gebiet. Anfänge und Entwicklungslinien, in: Frankfurter Wochenschau, 1937, H. 27, S. 320-323.

Müller, Bruno, 10 Jahre seit der Eingemeindung, in: Schwanheimer Zeitung, 02.04.1938.

Müller, Bruno, 600 Jahre Höchst am Main 1355-1955. Rückblick und Ausblick, Frankfurt am Main 1955.

Müller, Bruno, Das Allgemeine Kriegsfolgengesetz, in: DPWV-Nachrichten, 7, 1957, H. 11, S. 11.

[offen, ob Müller, Bruno], Pflege des Stadtbildes in Frankfurt am Main, in: Die nationalsozialistische Gemeinde, 7, 1939, S. 427.

Müller, Bruno, Ueberörtliche Prüfung der Gemeinden, in: Das Rathaus, 3 (27) 1937, S. 15-17.

Müller, Bruno, Schäden durch das NS-Regime an Mitgliedseinrichtungen des DPWV, in: DPWV-Nachrichten, 9, 1959, [H. 3,] S. 30f.

[ohne Namen, ggf. Müller, Bruno] „Frankfurter Schullandheim Wegscheide", in: DPWV-Nachrichten, 7, 1957, H. 9, S. II [Frontcover innen].

Müller, Bruno, Die Sondershausen von Gläsernthal'sche Stiftung in Frankfurt a. M. Geschichte und Satzung, Frankfurt am Main 1934.

Müller, Bruno, Speyersche Studienstiftung, in: Rüegg, Walter, Hg., Die Johann Wolfgang Goethe Universität 1966, Frankfurt am Main 1968, S. 89-93.

Müller, Bruno, Staatsaufsicht über Stiftungen, in: Der Gemeindetag. Zeitschrift für deutsche Gemeindepolitik, 28, 1934, S. 417-422.

[Müller, Bruno], Der Standpunkt der Stadtverwaltung: Wir brauchen: Autohallen im Zentrum, in: General-Anzeiger, 17./18.12.1938, S. 4.

Müller, Bruno, Steuerbegünstigungen für Einrichtungen des Gemeinwohls (der Freien Wohlfahrtspflege). Ein Überblick über die Gemeinnützigkeitsverordnung, Frankfurt am Main 1951.

Müller, Bruno, „Steuerbegünstigungen f. Einrichtungen d. Gemeinwohls (der freien Wohlfahrtspflege['"]), in: DPWV-Nachrichten, 2, 1952, H. 7, S. 4.

Müller, Bruno, Stiftungen für Frankfurt am Main, Frankfurt am Main 1958.

[ohne Namen, vielleicht von Müller, Bruno], [Rezension zu Bruno Müller:] „Stiftungen für Frankfurt", in: DPWV-Nachrichten, 8, 1958, H. 11, S. 9.

Müller, Bruno, Das eigenhändige Testament des Bürgerlichen Gesetzbuchs, Diss. Univ. Jena 1912.

Müller, Bruno, Vereinfachungen bei einer Stadtverwaltung; in: DIWIV-Nachrichten [..., in:] Beamten-Jahrbuch. Wissenschaftliche Monatsschrift für das deutsche Berufsbeamtentum, 14, 1927, S. 638-644.

Müller, Bruno, Vorwort, in: Vogel, Louis, Geschichte der ehemaligen Stadtkämmerei Frankfurt a. M. 1825-1926, Frankfurt am Main 1934, S. 3f.

Müller, Bruno, Wohnungsbau fördern. Vorschläge für Behörden und Baulustige, Frankfurt am Main 1933.

Müller, Bruno, Wohnungsbautätigkeit und Wohnungsbedarf in Frankfurt a. M. [incl.] Ergänzung, Frankfurt am Main 1939.

Müller, Bruno, Wie kann man für gute Zwecke stiften? Ein Ratgeber für hilfsbereite Mitmenschen, Frankfurt am Main 1962

Müller, Bruno, Schembs, Hans-Otto, Stiftungen in Frankfurt am Main. Geschichte und Wirkung, Frankfurt am Main 2006.

Müller, Bruno, Schuster, Bruno, Die mittlere Ostmark und ihre Hauptstadt Frankfurt a. d. Oder. Im Auftr. d. Haupt- u. Handelsstadt Frankfurt a. O., Frankfurt an der Oder [1920].

Münzel, Martin, Die jüdischen Mitglieder der ökonomischen Elite Frankfurts nach 1933. Aspekte der Ausschaltung aus dem Wirtschaftsbürgertum des NS-Staats, in: Osterloh, Jörg, Wixforth, Harald, Hg., Unternehmer und NS-Verbrechen: Wirtschaftseliten im „Dritten Reich" und in der Bundesrepublik Deutschland, Frankfurt am Main / New York 2014, S. 33- 64.

Neubauer, Karin, Haab, Karin, Findbuch des Instituts für Stadtgeschichte zur Stiftungsabteilung - Rep. 549, Frankfurt am Main, 2. Aufl. 2003.

Oexle, Otto Gerhard, „Zusammenarbeit mit Baal". Über die Mentalitäten deutscher Geisteswissenschaftler 1933- und nach 1945, in: Historische Anthropologie. Kultur, Gesellschaft, Alltag, 8, 2000, S. 1-27.

Ortmeyer, Benjamin, Die Georg und Franziska Speyer´sche Stiftung und die NS-Zeit, vervielfältigtes Manuskript zum Vortrag am 26.05.2014 in der Goethe-Universität.

Priepke, Dagmar, Görner, Karin, Die verschwundenen Stiftungen. Stiftungseingliederungen in die Heussenstamm-Stiftung während und in Folge der NS-Zeit, Frankfurt am Main 2012.

Recker, Marie-Luise, Die Nationalsozialistische Volkswohlfahrt (NSV) im Bombenkrieg, in: Fleiter, Michael, Hg., Heimat/Front. Frankfurt am Main im Luftkrieg. [...], Frankfurt am Main 2013, S. 130-145.

Reichsorganisationsleiter, Der, der NSDAP., Hg., Organisationshandbuch der NSDAP, München 1937.

Roth, Ralf, Aufstieg und Krise des Stiftungswesens in Frankfurt am Main. Zur strukturellen Entwicklung eines kommunalen Stiftungsnetzwerkes im 19. und 20. Jahrhundert, in: Liedtke, Rainer, Weber, Klaus, Hg., Religion und Philanthropie in den europäischen Zivilgesellschaften. Entwicklungen im 19. und 20. Jahrhundert, Paderborn [u.a.] 2009, S. 121–137.

Roth, Ralf, Die Geschichte der Frankfurter Gesellschaft für Handel, Industrie und Wissenschaft, in: Gall, Lothar, Jeske, Jürgen, Roth, Ralf, Hg., Treffpunkt der Bürgergesellschaft. Die Frankfurter Gesellschaft für Handel, Industrie und Wissenschaft – Casino-Gesellschaft von 1802 -, Frankfurt am Main 2010, S. 33-112.

Roth, Ralf, 100 Jahre Frankfurter Gesellschaft für Handel, Industrie und Wissensschaft [2 Bde., CD], Frankfurt am Main 2019.

Roth, Ralf, Wilhelm Merton. Ein Weltbürger gründet eine Universität, Frankfurt am Main 2010.

Sandner, Peter, Verwaltung des Krankenmordes. Der Bezirksverband Nassau im Nationalsozialismus, Gießen 2003.

Sandner, Peter, Das Zwangslager Dieselstraße 1937-1942, in: www.frankfurt1933-1945.de (Stand: 15.01.2007).

Schäfer, Kurt, 1920-1995. Geschichte der Wegscheide. 75 Jahre Schullandheim Wegscheide. Ein geschichtlicher Überblick, Frankfurt am Main 1995.

Schöne, Dorothea, Revision, Restitution und Neubeginn. Das Städel nach 1949, in: Fleckner, Uwe, Hollein, Max, Hg., Museum im Widerspruch. Das Städel und der Nationalsozialismus, Berlin 2011, S. 241-285.

Steen, Jürgen, Die Silbererwerbungen des Historischen Museums nach dem 9. November 1938 - Raub und Restitution, Fakten und Legenden, in: Archiv für Frankfurts Geschichte und Kunst, 78, 2019, S. 168-181.

Steen, Jürgen, Wolzogen, Wolf von, „Die Synagogen brennen ...!" Die Zerstörung Frankfurts als jüdische Lebenswelt, Frankfurt am Main 1988.

Stein, Anne-Dore, Die Verwissenschaftlichung des Sozialen. Wilhelm Polligkeit zwischen individueller Fürsorge und Bevölkerungspolitik im Nationalsozialismus, Wiesbaden 2009.

Stemmler, Gunter, Der Ehrenring – eine junge Auszeichnung, in: Herold-Jahrbuch, N.F. 16, 2011, S. 231-258.

Stemmler, Gunter, Das Goldene Buch der Stiftungen in Frankfurt am Main, in: Der Herold. Vierteljahrsschrift für Heraldik, Genealogie und verwandte Wissenschaften, N.F. 18, Jg. 54, 2011, H. 1-2, S. 162-164.

Stemmler, Gunter, Hofacker, Johann Carl, in: Hessische Biografie <https://www.lagis-hessen.de/de/subjects/idrec/sn/bio/id/13671> (Stand: 22.1.2019).

Stemmler, Gunter, Jaspert, August Wilhelm, in: Hessische Biografie <https://www.lagis-hessen.de/pnd/1055283285> (Stand: 27.3.2019).

Stemmler, Gunter, Frankfurter Kommunalpolitiker 1933. Eine Prosopographie, unveröffentlichtes Manuskript, 26.01.1999 [im ISG].

Stemmler, Gunter, Polligkeit, Friedrich Wilhelm, in: Hessische Biografie <https://www.lagis-hessen.de/pnd/116264764> (Stand: 14.5.2019).

Stemmler, Gunter, Prestel, Rudolf, in: Hessische Biografie <https://www.lagis-hessen.de/pnd/122050606> (Stand: 27.3.2019).

Stemmler, Gunter, Schuld und Ehrung. Die Kommunalpolitiker Rudolf Keller und Friedrich Lehmann zwischen 1933 und 1960 - ein Beitrag zur NS-Geschichte in Frankfurt am Main, Frankfurt am Main 2017: [12.10.2017] urn:nbn:de:hebis:30:3-445442; http://d-nb.info/114137935X.

Stemmler, Gunter, Die Vermessung der Ehre. Zur Geschichte der Ehrenbürger, Ehrensenatoren sowie Ehrenmitglieder an deutschen Hochschulen und an der Universität Frankfurt am Main, Frankfurt am Main [u.a.] 2012.

Tüffers, Bettina, Der braune Magistrat: Bruno Müller, in: www.frankfurt1933-1945.de (Stand: 10.01.2006).

Tüffers, Bettina, Der Braune Magistrat. Personalstruktur und Machtverhältnisse in der Frankfurter Stadtregierung 1933-1945, Frankfurt am Main 2004.

Vonhof, Holger, Wie ein Blatt im Wind? Das „Höchster Kreisblatt" von seiner Gründung 1849 bis zu seiner Einstellung 1941, MA-Arbeit Univ. Frankfurt 1996.

Walburg, Jürgen, Goldenes Buch mit Hakenkreuz. Stiftungs-Überblick wurde 1933 von NSDAP-Politikern angelegt, nicht um 1930[,] wie von der Stadt angegeben, in: Frankfurter Neue Presse, Ostern 2019, S. 10.

Walburg, Jürgen, Der dunkle Fleck in der Wegscheide-Historie, in: Frankfurter Neue Presse, 21.11.2019, S. 14 [auch digital].

Walburg, Jürgen, Die Mär vom guten Nazi. Der braune Oberbürgermeister Friedrich Krebs, in: Frankfurter Neue Presse, 14.09.2019, S. 11.

Walburg, Jürgen, Stadt korrigiert falsche Angabe. Das Goldene Buch der Stiftungen ist erst 1936/37 entstanden, in: Frankfurter Neue Presse, 02.07.2019, S. 10.

Wehe, Friedrich, Das Arbeitserziehungslager Frankfurt-Heddernheim, in: Bembek, Lothar, Schwalba-Hoth, Frank, Hg., Hessen hinter Stacheldraht. Verdrängt und vergessen: KZs, Lager, Außenkommandos, Frankfurt am Main 1984, S. 85-95.

Weiler, Katharina, Die Kunstobjekte Maximilian von Goldschmidt-Rothschilds - Biographie einer Sammlung im Spiegel der Geschichte des Museums Angewandte Kunst, Frankfurt am Main, in: Archiv für Frankfurts Geschichte und Kunst, 78, 2019, S. 139-153.

Wesp, Dieter, Villa Kennedy: Wohnhaus, Forschungslabor, Luxushotel. Ein Stück Frankfurter Geschichte: von Reichtum und Raub, von Verdrängung und Neuanfang, von Privatisierung und neuem Luxus, Frankfurt am Main 2017.

Wesp, Dieter, Rajewsky, Boris, in: Frankfurter Personenlexikon (Onlineausgabe), http://frankfurter-personenlexikon.de/node/822.

Zeitfracht Medien GmbH
Ferdinand-Jühlke-Straße 7
99095 Erfurt, Deutschland
produktsicherheit@kolibri360.de